現在覺得不幸，是幸福的起點

「幸せな人」と
「不幸せな人」の
たった1つの違い

花凜——著
游韻馨——譯

命運要靠自己開拓

我目前在東京的表參道開了一家名爲「花凜占卜沙龍」的命相館。從我十九歲開始從事命理諮詢，前後加起來，我已經幫超過三萬多名的女性解決她們的人生煩惱。她們每每遇到人生重大決定時就會前來詢問我的意見，因此我很清楚女性在她一生當中可能面臨的種種問題。

許多人之所以會來找我，都是因爲想知道「心儀對象的心意」，而且在她們交往一段時間之後，都會傳來好消息。她們很開心地跟我說：「很感謝老師的建議，我們要結婚了！」只要遇到人生重大決定，例如「何時舉辦婚宴」、「蜜月旅行要去哪裡」、「新居落成」以及「生小孩」等等，也都會來請教我的意見。

不僅如此，我還會陪伴著她們人生的每一步成長，像幫剛出生的小孩取名、建議孩子未來的出路，或是幫忙解決夫妻問題、經濟問題與健康問題等等。只要她們需要我，我都會在一旁鼓勵、支持她們，並告訴她們「讓我們一起來想辦法」，扮演她們的人生建言者角色。

對我來說，她們就是心靈的家人，我最大的幸福就是看到她們臉上的笑容。我深深相信，幫助她們邁向幸福的人生，是我這一生的使命。

我具有通靈的能力，只要客戶來到我的面前，我就能看到對方的過去、現在和未來。第一次來找我的客戶，我一定會做面對面的諮詢，並請她念三次自己的名字。接著我會透過對方所發出的聲音震波，連結對方的靈魂，去看靈光的顏色、從前世帶到今生的創傷，以及現在的痛苦等等。

同時我也看得見對方的未來。所謂的未來是如果按現況走下去，一定會出現的結果。這個結果會像電影般呈現在我眼前。**命運是靠自己來開拓，現在過什麼樣的生活，就會擁有什麼樣的未來。**

關鍵在於，究竟該怎麼做才能扭轉命運？每個人都有自己的守護者，守護者會告訴我這個問題的答案，我所做的就是將答案傳達。

每位前來我占卜沙龍的人各有不同的契機，有的人是透過朋友介紹，有的人是在不經意中逛到我的官網，也有人是在電視上看到我參加節目，才決定來找我的。無論過程如何，其實這一切都是守護者的指引。

無論何時，相遇絕非偶然。每一位閱讀本書的讀者，都與我有很深刻的緣分。同時，這也是各位的守護者，爲了幫助有困擾、煩惱、終日抑鬱寡歡的妳，所指引的一條路。

扭轉人生的三步驟

人的煩惱，包括戀愛、婚姻、工作、人際關係、親子問題等等相當多，然而即便是相同的煩惱，也會因當事者的環境而有所差異。有鑑於此，我會依照每個人的狀況予以適當的建議。唯有以一對一進行諮詢的方式，才能給予具體有效的意見。然而，我在這本書所談關於扭轉人生的方法，則是適用於每個人，每個人都可以通用的法則。

那就是**放下主觀想法**、**了解自我，以及改變心態這三個步驟**。假如妳的煩惱是「想結婚卻無法如願」，許多人遇到這種情況都會陷入「眼看著朋友們一個個結婚了，爲什麼只有我嫁不出去？」的想法當中。事實上，這個想法不過是「只要結婚就會幸福」的主觀想法罷了。

不瞞各位，許多已婚者都後悔自己做的決定，認爲「要是不結婚就不用過得這麼辛苦了」。當妳在煩惱自己嫁不出去之前，一定要冷靜思考這一點。

接下來，還要深入了解**「對自己而言，什麼才是幸福？」**這個世界上有許多人受制於世俗的眼光，從未思考過自己的靈魂想要什麼。在不了解自己的情形下，不可能擁有「適合自己的幸福=眞正的幸福」。

妳**一定要察覺眞正讓自己受苦的原因就在於「主觀想法」**，並從**「別人是別人，我是我，別人的狀況與我無關」**的想法中，重新去檢視自己的現況。只要能完成這兩個步驟，自然就能改變心態。當妳再度看自己時，再也不會看見那個老是感到不幸、自怨自艾的妳，妳的內心世界也將得以完全改觀。**從妳發現自己的人生照入希望之光的那一刻起，妳的人生已經開始往好的方向走。**

幾乎所有不滿意現狀的人，看到的都是自己的缺點、自卑之處以及倒楣的過去。事實上，挫折不一定都是負面的，過去的經歷或許也能幫助妳擁有更多的成長。衷心希望各位都能察覺到這一點，轉而感謝過去的經歷，擁有安穩順利的人生。這就是我撰寫本書的信念。

容我提醒各位，並不是我告訴各位前世如何、靈光的顏色以及守護者的訊息，各位的煩惱就會消失。扭轉人生最重要的關鍵在於，相信靈魂的存在、傾聽靈魂的聲音、接受守護者的訊息，並付諸行動。

本書充滿了擁抱幸福人生的祕訣。妳一定能從中找到打動內心的話語，而這就是守護者傳遞給妳的訊息。希望各位都能相信這一點，並確實閱讀完本書，讓本書幫助妳擁有璀璨人生，這是身爲作者最大的榮幸。

二〇一三年八月　花凜

目錄

第2章

這麼做就能放下阻礙自己「幸福」的「思考模式」

第3章

拋開僵化的「思考模式」讓人際關係更加圓融

戀愛篇

本書用語解說

守護者

守護者是指守護當事人的守護靈。

基本上，守護者幾乎都是祖先，或是與當事人淵源頗深的靈，每個人的身邊都有守護者。其實每天哀嘆自己很孤獨的人，並非眞的一個人，他也是與守護者共生共存的。

此外，守護者不只一人，有些人的守護者甚至超過三人。守護者中地位最高的領導者，我稱之爲「主護靈」，其他還有支配靈與指導靈，擔任當事人的人生指引角色。

「既然守護者會在一旁保佑我，爲什麼我還是這麼不幸？」很多人都會問我這樣的問題。我要告訴各位，考驗是愛之鞭。當守護者認爲自己不該過度干涉時，就會放手讓當事人自己去闖，這樣才能讓當事人有所成長。

請放心，**守護者不會給予當事人過不了的難關。唯有相信自己並不斷往前走的人，守護者才會在她的身邊展現各種小小奇蹟，照亮她應走的道路。**

我要提醒各位一點，守護者會因應當事人靈魂的等級做更換。想法悲觀、負面的人，自然會有頻率相近的守護者守護。當一個人覺得自己最近運氣很差，就是這個原因所導致。

就算是強顏歡笑，只要平時笑臉迎人、多說好話、待人親切和善，不斷地累積小善，就能吸引頻率高的守護者接近，趕走不好的守護者，讓我們的人生更加幸福快樂。

高我

高我與守護靈不同，指的是「高次元的自己」。

每個人都有很多面向，沒有人是百分之百的天使，也沒有人是百分之百的惡魔。無論是誰，在精神層面上都有不盡成熟之處，而且也會犯錯。

我之所以如此斷言，是因爲在神靈的世界裡，人是爲了磨練靈魂才出生於這一世的。完美者無需在現世修練、修業，因此在這個世界上沒有存在這種人。

有趣的是，**每個人心中都有神祇坐鎮**。高我就是位於自我心中的神。

各位是否有過這樣的經驗：跟朋友一起說某人的壞話時，會突然產生罪惡感？這種感覺就是高我所發出的訊息。

養成自問自答的習慣，隨時問自己：「我這樣好嗎？」就能強化自己與高我之間的連結。

潛意識

潛意識就是無意識。人的意識主要分成兩個層次，百分之十是意識（當事人有感覺的意識），百分之九十是潛意識。這代表我們的言行舉止都是受到潛意識的支配。

假設我在地上放一塊寬三十公分的長木板，請妳在板子上行走時，相信所有人都能輕鬆地走完。

但如果這塊板子是架在兩座高達十層樓的建築物間，一定沒有人敢走。就算做足了安全措施，並保證絕對不會發生任何意外，也會因爲「不小心摔下來就會死」的想法，而讓所有人卻步。這種潛藏在內心深處的恐懼感就是潛意識。

不妨將人類意識想像成電腦。電腦資料庫中存放著過去發生的大小事情，其中也包含了前世。人與人相遇時，如果存取資料庫中的「美好記憶」，就能讓人產生正面積極的行動；相反的，若是存取了「悲慘記憶」，就會表現出負面消極的作爲。

總而言之，善於溝通的人通常都活在與人相處融洽的記憶裡；總是與人話不投機的人，就是活在過去不懂得處理人際關係的心理創傷當中。

話雖如此，心理創傷不過是先入爲主的觀念。只要妳願意，隨時都能複寫上「沒問題」的正面結果，並永久儲存在資料庫裡。

爲了讓資料庫中增加更多「美好記憶」，請各位千萬不要害怕失敗，要勇於展開行動。只要讓潛意識往正面積極的方向運行，絕對能扭轉妳的命運。

第 1 章

成為 所有人都嚮往的「自己」

命運要靠自己開拓——為了讓各位都能深刻了解這一點，
我將在這一章與各位分享，
我是如何憑藉自己的力量，邁向幸福人生。

「寂寞」是難以擺脫的敵人

我出生在北海道。長大後家人告訴我，媽媽生下我的時候，我的臍帶打了好幾個結，整條臍帶都變成紫色的，而且還纏繞著我的頸部好幾圈，一出生就瀕臨死亡。

人的靈魂會自願帶著要在現世完成的功課，誕生於這個世界。我猜想，我要從媽媽的產道出生來時，一定看到了自己未來的一生，發現自己會過得很辛苦，所以才決定不投胎的吧？小時候過的生活相當苦，讓我不由得如此胡思亂想，而且渾渾噩噩地度過了青春期。

我心中最古老的記憶就是「寂寞」。我沒有兄弟姊妹，也因爲從小體弱多病，經常出入醫院，所以根本沒有朋友，與父母之間的感情也很淡薄。

我聽家人說，我的爸媽一起經營一家美髮店，爲了專心事業的經營，便將才兩個月大的我託給住在札幌的外公外婆照顧。

我跟媽媽開始一起生活則是在我四歲的時候。那時候爸爸和媽媽離婚，媽媽回到娘家住。也是從那個時候開始，我才開始有了清楚的記憶。長大後聽專家說孩子的情緒養成會從零歲一直發展到四歲，這個觀點我深感認同。

包括外婆在內，所有的親戚都很疼愛我，但我的內心總是無法感到滿足。我無法用理論來說明爲什麼會有這種寂寞感，這是一種本能的感受。由於「寂寞」的感覺深深刻印在我的內心深處，因此要將這種感覺抹煞非常不容易，有好長的一段時間，我都生活在負面的情緒裡。

「寂寞」是難以擺脫的敵人，它是阻礙我們開創安穩人生的一大主因。即使有人愛我們，「寂寞」這種負面的情緒，還是會像厚重的烏雲般籠罩在我們頭上，讓陽光無法照射到內心深處。接收不到陽光的心長期處於陰暗潮濕的環境，散發出噁心的霉味。更慘的是，從來沒看過陽光的心，絲毫沒有嚮往陽光的憧憬。

我的許多客戶都有她們各自的人生問題，例如拒絕上學、厭食症、過食症、割腕自殺、購物上癮、性愛成癮、染上賭博惡習、嗑藥等，每天都過得十分痛苦。當我運用自己的通靈能力直視他們的內心時，都會看見「寂寞」的情緒。

即使是生長在經濟富裕的家庭環境，也會產生「寂寞」的感覺，因爲有些人從小父母親就是用錢來解決問題，親子之間情感淡薄；有些人的媽媽重視事業勝過養育子女，使得孩子對於情感的需求一直沒有得到滿足。很多人都是爲了逃避寂寞才會走上歧途，就算警覺到自己走錯路也無法收手，反而會一昧地苛責自己，陷入更灰暗的世界裡。這就是人生的惡性循環。

聽見人心的聲音

前一節為了分析「寂寞」的情緒，稍微偏離了主題。

接下來，我將繼續分享自己的成長過程。

我第一次聽到奇怪的聲音，是在我四歲和媽媽開始一起生活的時候。有一天，住在附近的阿姨收到鄰居送的禮物時，我聽到阿姨說：「哇，謝謝妳，我好開心！」不一會兒，卻聽到阿姨的心中有另一個聲音低喃著：「這個家裡已經有了呀！」感覺很像是在聽廣播，聲音從頭部後方傳過來，眞的很不可思議。聽到的那一剎那我只覺得奇怪，並有意識到自己擁有特殊的能力，而且還以爲其他小孩一定也聽見了，所以並沒有放在心上。

上小學後，第一次發現只有我聽得見別人心裡的聲音時，我簡直不敢相信。

小孩的個性都是直來直往、不會說場面話的，所以每次和同學們聊天，只要他們說「很開心」，內心的聲音一定也是「很開心」。可是，老師卻經常心口不一，表面上一視同仁，只要學生表現得好就會大方稱讚，但話才剛說完，我就會聽見老師的內心在說「我眞不知道該怎麼跟他相處」、「這個學生眞惹人疼」……根本就是差別待遇！

我曾經跟同學說過老師其實是個言行不一的人，但他們都強烈反駁我：「根本沒有這回事」、「是妳自己想太多」。之後我決定再也不跟別人提起，我聽得見別人心聲這件事。

當時我清楚地意識到，如果我再繼續跟別人說我聽得見別人的心聲，大家一定會把我當成瘋子，要是被貼上標籤我就慘了。

話說回來，雖然我擁有聽見別人心聲的能力，可是一點好處也沒有。現在我已經學會在需要時打開開關，不需要就關掉開關。不過，當時我不知道要如何控制這項能力，所以才會一直聽到別人的眞心話。老實說，這使得我相當痛苦。

有時候遇到附近鄰居笑容滿面地跟我們打招呼：「妹妹好乖，每天都跟媽媽一起出門啊！」我卻聽見對方在心裡說：「單親家庭好可憐喔！」遇到這種情形，我實在沒有辦法陪笑臉回應對方。導師來家裡做家庭訪問時也一樣，我發現他其實是對我媽媽另有企圖。發現這一點時，我感到震驚，真的沒辦法接受。聽見別人的心聲只會讓我懷疑別人、無法相信任何人。

在這種情況下，我也沒辦法保有天真爛漫的孩子天性。每次跟別人說話，我都很害怕聽見別人心裡真正的聲音……。在別人看來，我是個個性陰沉、臉上不帶笑容的小孩。

儘管這項能力讓我感到痛苦，但還是有讓我感受到救贖的時刻。

媽媽的娘家是信仰神道的家族，我和許多親戚一樣都擁有特殊的能力，他們每次見面都會聊一些像是「今天我看到那個人的背後有一道光」、「那個人站在我的枕頭邊，不久就過世了」等等超越世俗的話題。

小學四年級的時候發生了一件決定性的大事，從那件事之後，我很清楚地了解到，我們家族與其他人家不同。

某天凌晨，有一位親戚不斷喊叫著：「我聽到天空傳來哀號聲！」「我看到天空被血染成紅色的……」。老實說，我也聽見了那陣哀號聲。雖然心中湧起了一股不祥的預感，但也無能為力。後來看到電視上播放的晚間新聞，我嚇到說不出話來！原來那天有一架民航客機墜毀，機上乘客性命未卜。

直到很久之後我才知道有「預知能力」這件事。現在回頭想想，要是從小成長的環境不容許我談論與預知能力有關的話題，我絕對無法理解自己發生了什麼事，而且也無法找人商量，這樣下去一定會得精神上的疾病。

我的身上流著媽媽家族的血脈，而且從小也是外公外婆帶大的。以前我一直不能理解，為什麼我不能跟爸媽一起生活？為什麼爸媽要離婚？現在的我已經能理解為什麼。是我的守護者一路守護著我，引領我走上自己的人生。

人生為何如此不公平？

好不容易能跟媽媽一起生活，但兩個人相依為命的日子還是過得很辛苦。媽媽離婚後回到娘家住，在餐廳工作維持家計，可是因為身體狀況本來就不好，還硬撐著工作，沒多久就生了場大病，需要長期治療，不斷地進出醫院。由於這個原因，從小媽媽就沒有照顧過我。

從小學一年級開始，每天早上我都是自己起床、自己換衣服、自己上學。回家後自己做飯、一個人吃飯、一個人睡覺，這樣的日子持續了很長的一段時間。

即使媽媽在家，也總是因為身體不好臥病在床，所以從來沒帶我去過遊樂園或百貨公司。所以我最討厭春假、暑假和寒假這類長假。每次聽到同學描述他們一家人出去玩的過程，或是全家人團聚、和樂融融的故事，我都會感到憤怒，覺得「人生爲何如此不公平」，一個人默默地嘆氣。

除了無法感受到家庭的溫暖外，我們家還非常窮，這也是我特別感到不公平的原因之一。身爲家中經濟支柱的媽媽長年臥病在床，沒辦法出去賺錢我可以理解，偏偏媽媽很容易受騙上當，每次都被騙走好多錢。

遇到業務員來家裡推銷，就會聽信對方說的話，付了錢後卻遲遲收不到所購買的商品；以爲對方單身而交往，還拿錢給對方花用，最後才發現對方早有婚姻……像這類詐騙和遇人不淑的例子相當多，身邊的親友都覺得很不可思議，早就勸都不想勸了，自然也不可能出手幫忙。

每次發生事情，看見媽媽垂頭喪氣的模樣，我的心情就會變得十分沉重。生病的痛苦、工作有一搭沒一搭的痛苦、貧窮的痛苦、男女之情的痛苦、遭受背叛的痛苦、親友放棄自己的痛苦……。在我逐漸成長，快要邁入青春期之前，我早已看透大人承受的所有痛苦。

或許是因爲小時候經歷太多，現在無論我的客戶有任何的煩惱，我都不會感到驚訝，也不會因受驚嚇得說不出話來。現在的我想法相當豁達，不管人生發生什麼事，都是可以預期的事情。

在神靈的世界裡，人是爲了讓靈魂成長而出生在人世的。守護者爲了幫助靈魂成長，會給予每個人嚴格的考驗，而且絕對是妳可以勝任的考驗。換句話說，守護者不會給妳過不了的難關。事實上，我自己就經常被客戶的守護者請託，要我傳達：「妳一定要克服這次的考驗，度過之後妳會變得更堅強。」的訊息

話雖如此，我也是很久之後才領悟到自己在這一世的使命。青春期的我，獨自在黑暗中痛苦掙扎，也曾由於找不到擺脫悲慘命運的方法而放棄努力。

進入青春期之後，我身邊的朋友都在忙著談戀愛，尋找自己的幸福，只有我每天從早忙到晚。我的生活中充滿各種痛苦，其中最急需解決的就是經濟問題。沒有錢就無法填飽肚子，根本不可能享受生活。我唯一可以依靠的媽媽又不斷地往返醫院，必須籌錢付住院費用。

上高中之後，我開始半工半讀，賺取生活費。白天到學校，放學後就到餐廳打工，或是在婚宴會場的後場工作。有時候還要同時兼任好幾份工作，每個月賺二十萬日圓左右的生活費。

所有賺來的錢都拿去買食物、衣服等民生必需品，以及付房租、上學的交通費、媽媽的醫藥費，很快就花光了，沒有多餘的錢買自己想要的東西。再者，我每天光是唸書和打工就已經沒時間了，也沒有多餘的心力去想自己要什麼。

每天一放學就直接去打工，一直工作到深夜，回家後睡覺，醒來就去學校上學。一有空就去醫院探望媽媽，把髒衣服拿回家洗，還要處裡堆積如山的雜事。

坎坷的遭遇讓我充滿了憤世嫉俗的想法，不過，真正讓我走進占卜世界的原因，是我想了解「自己的運勢究竟如何？」

我不斷接觸占星術、塔羅占卜與姓名學尋求出路，廢寢忘食地潛心研究。

當時的我從來沒有想到，自己後來會以占卜做爲我的人生志業。

十九歲遇見人生的轉機

在那段時間裡，我擁有的靈能已經從只能聽見別人的心聲，昇華到可以看見別人看不見的事物。

我第一次察覺到這件事，是在去某個朋友家玩的時候。有一隻狗一直在我腳邊繞，我忍不住大叫：「哇！好白，好可愛的狗狗喔！」沒想到話一說完，所有人都安靜了下來。其實當時現場並沒有狗。後來朋友才說：「之前養的馬爾濟斯在去年底過世了。」聽到這件事，我相信沒有人會比我自己更感到震驚。

從此之後，我經常在十字路口和電車裡看見半透明或黑白色調的人形，他們都是人過世後未淨化的靈魂（未淨化靈）。

抱著強烈遺憾的靈魂會化身爲極恐怖的形相；想要傳遞訊息的靈，則會盡一切力量地將自己想要傳達的訊息，告訴所愛的人。無論遇到哪一種靈，他們一旦發現我看得見，就會立刻靠過來。不過，只要我表明自己的立場，明白表示我幫不上忙，他們就會立刻消失。知道這一點後，我漸漸地不再感到害怕。

想坦白告訴各位的是，還活著的人所散發出的意念，每每都讓我感到驚嚇。我曾經清楚看到不可能出現在現場的人，這就是所謂的生靈。

我第一次看到生靈，是在路上與朋友偶遇的時候，當時她身邊有一位年長的女性，所以我問她那是不是她的媽媽，沒想到她一臉不可思議地告訴我，她的媽媽在老家，她們已經好幾年沒見面了。

看到這裡，可能有些讀者會覺得很恐怖，事實上，無論是未淨化靈或生靈，幾乎都不會危害人類。若是真的要害人，那都是從人的罪惡感衍生出來的妄想。

當一個人後悔「對某人做了壞事」，這樣的人一看到靈就會感受到靈的怒氣，不管發生什麼事情都會認爲那是靈在作祟。**若要問我的意見，我認爲，活著的人心中懷抱的憎恨與嫉妒，遠比靈還恐怖。**

這個話題暫且告一段落，回到我的成長歷程。高中畢業後，我進入區公所擔任職員。我很會畫畫，原本打算去念美術大學，可惜因經濟因素沒有辦法這麼做。不過，就算想去做收入高又穩定的工作，但我既無學歷、也沒有人脈。就在我覺得前途茫茫之際，有一天在路上我跟媽媽大聲吵了起來，當時有一位陌生男子好心地過來幫忙調解，他得知我們的境遇之後，立刻介紹了與他交情頗深的朋友給我們。那位朋友在區公所任職，我就這樣進入了區公所工作。

原本以爲我的好運終於來了，沒想到還做不到一年，就不得不離開這個對我來說極爲難得而且穩定的工作。

那位轉介區公所工作給我的男性，雖然沒有明說要我感謝他介紹工作給我，卻擺出有恩於我的姿態，每天約我出去吃飯，我受不了他的騷擾，只好忍痛辭職。

在那段期間裡，我歷經了所有荒誕不經且毫無道理可言的遭遇。

十九歲的時候，我戀愛了。我喜歡上一位年紀比我大一點的男性，他的父母事業相當成功，他從小生長在富裕的環境裡，擁有高學歷，只要是自己想做的事情就會成功。換句話說，他擁有所有我沒有的好運和能力。

有一天我問他：「要怎麼做才能像你這樣，過著幸福的人生？」他反問我：「爲什麼妳會覺得自己不幸福？」於是我告訴他：「因爲我家很窮，所以沒辦法唸大學。我的學歷不高，根本做不了什麼正經工作。我眞的覺得這個世界上沒有比我更不幸的了。」不過，他根本沒理會我說的話，只對我說了一句——

妳的不幸不是別人造成的，是因爲妳根本不想改變自己。

這句話深深震撼了我的心，在我的內心引起一陣騷動，令我無法呼吸。或許就是因爲我喜歡他，那時才能如此坦然地接受他所說的話。不過，現在回頭想想，我反而認爲那是我的守護者，透過他傳達給我的訊息。

他的話打動了我，我決定先從改變外表做起。將原本染成褐色的頭髮染黑，換下奇裝異服，改穿簡單大方的服裝。同時我也改變自己的說話方式，不僅放慢說話速度，用字遣詞上也更注重禮節。而且嚴禁自己再說「反正我就是沒用」、「命運女神早就放棄我了」這類喪氣話。

當時我一心只想迎合他，不希望他討厭我，所以才改變自己的外表。事實上，改變外表這件事真的具有很深遠的影響力，它改變了我的人生。

更讓我感到驚訝的是，我結交的朋友也慢慢改變了。三個月後的某一天，我突然意識到當初跟我一起抱怨「反正我就是這麼倒楣，好運一看到我就跑」、一起互舔傷口的人，全都消失了。現在在我身邊的朋友，全都是想法積極樂觀的人。

俗話說「物以類聚，人以群分」，這就是人類的生存法則。在神靈的世界裡，人只會與自己靈魂相同等級的人交往。反過來說，**如果妳想要與品格高於自己的人做朋友，就必須努力提升自己的品格。**

褐髮、奇裝異服以及連珠炮式的說話方式，都是我自己喜歡而去做的事情。可是，就在我放棄這些自以爲酷的習慣之後，我有更多機會與性格開朗的人聊天，進而打開了我的思考方式，讓我的想法也變得更爲積極正面。這就是發生在我身上的奇蹟。

他還告訴我：「妳一直在說自己這個做不到、那個做不到，要不要來找找現在的妳能做什麼？」聽了他的話之後，我也努力去找了，不過，我還是不知道自己能做什麼。就在這個時候，他提醒了我：「妳不是會占卜嗎？」就是這句話，讓我進入了命理靈療這一行。

二十年前的日本社會根本沒有人以算命占卜維生，當命理諮詢師可以說是創新的想法，也可以說是有勇無謀的決定。無論如何，後來我還是決定去做了，而且我只有這條路可走，於是便在札幌市內的「占卜館」開始工作。

在那個年代，爲他人開壇作法或販售開運物品，藉此騙財的生意（日本稱爲「靈感商法」）引起嚴重的社會問題，爲了遏止歪風，政府特別規定不得宣稱靈力，所以當時我主要從事的是算姓名筆劃及塔羅占卜，都是根據統計學的算命法。話雖如此，我還是會偷偷地運用靈力給予意見，客戶們都說我「準得恐怖」，多虧他們口耳相傳，很快地我打出了知名度。

每天的預約表都填得滿滿的，以前接受我命理諮詢的客戶也陸陸續續傳來好消息，有的人「順利交往到另一半」，有的人則是「順利找到工作」。他們的笑容讓我體會到被人需要是一件多開心的事情。這個喜悅會讓人產生自信，並轉化為活下去的原動力，眞的一點都不誇張。

更棒的是，我的收入是同年齡粉領族的三倍之多，生活狀況也漸漸地好轉了起來。這個轉變讓我眞正地感受到，我的人生愈來愈好。

放下對自我的否定想法

後來我開始夢想，有一天我一定要到東京，擁有一家自己的店。各位或許會感到意外，其實我看不到自己的未來。於是我請另一位認識的命理諮詢師幫我算命，他跟我說當命理諮詢師沒有年齡限制，等年紀長一點還是可以幫人算命，所以他建議我應該去做現在能做的事，累積人生經驗。我認為他說得很有道理。

二十八歲時，我實現了自己的夢想。我在六本木開了一間餐廳，而且還免費幫客戶做命理諮詢，沒想到大受歡迎。很多客戶反而都是來算命的，趁著等待的空檔，順便在店裡吃飯喝酒。

看到這個狀況，我開始思考自己還是應該要繼續從事占卜這一行。就在此時，我一個朋友問我要不要一起開店，我決定跟著命運走，將六本木的餐廳轉讓出去，在青山開設了「花凜占卜沙龍」。

感謝客戶的支持，開店七年後，占卜沙龍的營運上了軌道，新客戶的預約一直排到三年後。

許多客戶跟我說，找我做命理諮詢就像是在跟朋友聊天一樣，感覺很溫馨。而且我連「電子郵件怎麼寫」也不吝於給予建議，所以客戶都覺得我的服務很周到。我不只會用陰陽眼看客戶的未來，也提供四柱算命、塔羅占卜、姓名筆劃算命、風水等服務，從各個角度看客戶的過去、現在與未來，滿足客戶所有的需求。不過，老實告訴各位，我其實不太清楚爲什麼我的占卜沙龍會如此受到歡迎。

話說回來，如果妳問我，**怎麼做才能讓人生轉運**？關於這個問題，我有很明確的答案，那就是**放下對自我的否定想法**，**不要將人生的霉運歸咎在別人身上**。

跟各位分享了這麼多我的成長經歷，我只想告訴各位，只要妳有心改變，人生就能轉敗爲勝。我吃過的苦不計其數，但這些都是我的養分，讓我學會觀察別人的內心世界，如今我很感謝過去經歷過的嚴酷考驗。

一般都認爲命理諮詢師的使命就是讓別人獲得幸福，所以通常女性命理諮詢師都無法像普通女性一樣過著幸福人生。但我認爲這根本是無稽之談，而且我的堅強意念也成功破除這項迷信。我不僅遇到一生的摯愛，也順利結婚，擁有幸福的婚姻生活。

更棒的是，之前由於罹患子宮肌瘤的關係，醫生說我這輩子不可能懷孕生子，我也克服了這道難關，如今成爲幸福的媽媽。

原諒別人就是原諒自己

以正面樂觀的態度看待人生，幸福就會降臨。要說得更具體深入一點的話，我認爲放下仇恨才是眞正的關鍵。

過去有很長一段時間，我非常恨自己的父親。我一直認爲如果爸爸能再努力一點，好好地保護我和媽媽，我們就不用吃這麼多苦了。即使長大之後，這個負面情緒依舊盤踞在我心中。

就在五年前的某一天，早已過世的奶奶傳遞了一訊息給我，她跟我說：「我兒子現在情況很糟糕，請妳去看看他。」

話雖如此，我跟爸爸已經二十多年沒有聯絡了，我根本不知道他在哪裡。就在我不知該怎麼辦的時候，奶奶又找上了我，告訴我說：「問妳媽媽就知道，只要寫封信就好。」

後來我問媽媽知不知道爸爸的下落，她告訴我：「我不清楚他住在哪裡，但他還在原來的地方開店做生意，店名應該沒變，妳要不要查一下？」

於是我立刻上網搜尋，很快就找到餐廳網站，上面還有以爸爸的全名開頭的電子郵件帳號。我立刻意識到奶奶是要我寫電子郵件給爸爸，但我眞的是百般不願，只好寫了一封口氣冷淡的信給他，而且信中只表明我是她的女兒。

沒多久我收到一封爸爸的再婚對象回的信，她說爸爸罹患了癌症，還說「如果可以的話，能否來見妳爸爸一面？」

收到這封信之後，我一直很猶豫到底要不要去見他，事到如今，他有什麼臉說這種自私的話？

儘管如此，我還是選擇去見了爸爸。我決定照顧他，陪他度過最後的日子。我不知道我爲什麼這麼做，只是有一股衝動讓我決定這麼做。

送走父親之後，我發現我原諒他了，而且心中充滿著無法言喻的安心感。這種感覺非常神奇，我可以體會到自己已經完全擺脫過去的束縛了。

這件事讓我體會到，原諒別人就是原諒自己。「我絕對不會原諒他！」的這種情緒，不過只是束縛自己的緊箍咒罷了。愛的反義詞是漠不關心，所謂的恨，其實是一種扭曲的愛。

正因爲懂得愛才遇見心愛的對象，結婚成家；坦然接受親子之間的羈絆，才能生下自己的孩子。我深深體會到這一點，也十分感謝給我機會原諒父親的奶奶。

從我的經歷中，各位是否眞正能理解「命運要靠自己開拓」是怎麼一回事了呢？

沒有人一輩子好命，也沒有人一輩子歹命。

人，生而平等。

如果妳現在抱持著「我眞倒楣」的想法，那絕對不是因爲命運女神放棄了妳，而是因爲妳正在儲存屬於妳的好運基金。

重要的是，妳要愛自己、相信自己。
千萬不要忘記這一點。

第 2 章

這麼做
就能放下阻礙自己「幸福」的
「思考模式」

本章將深入分析刻印在人類潛意識裡，會嚴重阻礙好運降臨的十大負面情緒（不安、嫉妒、不滿、猶豫、憎恨、偏執、虛榮心、孤獨、焦躁、失望）。

「想要改變人生！」就是最好的轉運時機

誠如我在第1章跟各位分享的，我是在十九歲時，接受了心儀對象的建議之後，人生才開始大大地轉運。

如果當時我覺得對方「很囉唆」、「很雞婆」，根本聽不進他的勸告，我到現在一定還是成天埋怨「這個世界太不公平！」迷失在內心的陰影裡。

所謂忠言逆耳，我將說忠言的人稱爲貴人。

貴人不一定是妳的戀人，可能是妳的家人，也可能是學校老師，或是妳曾經說過壞話的朋友也說不定。當別人對妳說出忠言時，就算妳心中忿忿不平，也要靜下心來，察覺自己的弱點與缺點，就會發現這是守護者想要傳達給妳的訊息。

最重要的就是，妳要相信這一點並坦然接受。

當時我的心儀對象給我的建議，亦即守護者給我的訊息可歸納爲下列幾點：

①把頭髮染黑、改穿簡單大方的服裝，改變自己的外表。

②禁止自己說出負面語言，同時注重用字遣詞。

③改變交友圈。

④不去想自己做不到的事，找出自己可以做的事。

⑤不再認爲自己不幸。

只要有心，①與②是隨時都能改變的習慣，做到①與②之後，自然就能做到③。至於④，只要轉念就能找到答案。最重要的關鍵在於⑤。

想要成功做到「不再認爲自己不幸」這一點，就一定要用「自己不是不幸的人」的這個想法，覆蓋到潛意識原有的刻版印象，這個動作會左右努力的結果。

拋開主觀想法不是一件容易的事情。

我很幸運，有一位貴人指引了一條路，讓我察覺到原來我一直認爲「自己是不幸的」。而且我有許多客戶都沒發現到，其實他們也被自己先入爲主的觀念所束縛。

重點就在於，他們「**不希望自己再這樣下去，想要改變人生**」，才會到我的占卜沙龍尋求幫助。這樣的想法跟所有本書讀者相同。無論是到占卜沙龍尋求幫助的客戶，或是購買本書的讀者，妳們都踏出了改變妳們自己人生的第一步。

各位一定要鼓起勇氣面對自己，這是抓住機會的重要關鍵。

各位一定要認清一件事，**事情不如自己所願不是別人的錯，而是自己的責任**。當妳擁有這樣的觀念，就能夠眞正扭轉命運。

了解自己僵化的「思考模式」正是扭轉命運的關鍵

從過去命理諮詢的經驗當中，我體會到一件事。

「負面的思考模式」會讓一個人產生先入爲主的觀念。

有的人是受到前世承襲下來的個性影響，也有人是因爲這一世的經歷，產生先入爲主的觀念，無論哪一種情形都會阻礙自己的命運流轉。從客戶的身上，我清楚地感受到這一點。

換句話說，**充分了解並改變自己僵化的「思考模式」，正是扭轉命運的關鍵。**

每個人抱持的「負面思考模式」雖然都不一樣，但接下來我將針對大多數人都有的十大負面情緒，包括「不安」、「嫉妒」、「不滿」、「猶豫」、「憎恨」、「偏執」、「虛榮心」、「孤獨」、「焦躁」、「失望」等，一一分析。

＊不安＊

我有許多客戶都被自己內心的「不安」所操弄，每天不斷煩惱「要是被男友甩了該怎麼辦」、「如果老公外遇，我要怎麼辦」、「主管交待給我的工作如果做不好，我就慘了」……

甚至還有人過著幸福快樂的日子，卻很擔心「自己的人生不應該如此順利」，像這種自尋煩惱的例子也屢見不鮮。

然而我要告訴各位一件事，這個世界上最浪費生命的行爲，就是成天感到不安、陰陰鬱鬱地過日子。**不安充其量只是幻想而已，並不是實際發生的事情**。更嚴重的是，**不安會呼喚不幸的事情發生**。

舉例來說，當老婆每天擔心「老公外遇該怎麼辦」的時候，就會開始胡思亂想，覺得老公的一舉一動都很詭異。

明明老公只是跟同事去喝酒，喝到半夜才回家，老婆卻拚命追問：「你跟誰在一起？」「你去哪裡？」「爲什麼不接手機？」老公根本沒做壞事，卻被老婆當成犯人審問，久而久之一看到老婆就會覺得煩，導致無可挽回的結果。

在這種情況下，做丈夫的人不僅會對妻子感到厭煩，還會因爲妻子的不信任而衍生出寂寞感。爲了塡補這種寂寞的感覺，做丈夫的自然就會向外發展，尋求其他女性的慰藉。原本只是幻想的不安情緒，就這樣將幻想轉化成爲了事實。

値得注意的是，並不是只有別人才會讓自己感覺到不受信任與悲傷，靈魂也會因爲感覺不受期待，而失去努力的幹勁。因此，**只要妳堅信自己「做得到」，妳的靈魂也一定會回應妳的期待，開始積極運作**。

現在立刻放下妳的不安，並且相信自己。不要去想失敗該怎辦，而是要認眞思考怎麼做、怎麼說，才能讓事情發展順利。這就是讓自己幸福的祕訣。

✳ 嫉妒 ✳

在我們所擁有的許多情緒中，「嫉妒」可說是最難纏的對手。看到別人的成就而感到羨慕時，若能惕勵自己向對方看齊，這是最好的結果。如果別人的成就只會讓妳感到嫉妒，最後就會產生各種負面能量，動不動就批評別人，或者是做出一些惡意的行為。**嫉妒心最可怕的地方在於，它會在不知不覺之中讓自己失去理智、煞不住車，一瞬間爆發開來。**

我接觸過無數受到強烈嫉妒心驅使，進而迷失自己的客戶。她們最常說的話就是「為什麼工作能力比我差的人，最後都升官了？」「我沒辦法忍受自己的男友，竟然被那種什麼都不會的女人給搶了」……**這類心有不甘的人都失去了一樣東西，那就是自省之心。**

我希望各位能將嫉妒心視為察覺自己缺點的徵兆，藉由這個機會，思考自己失敗的原因。亦或者，將嫉妒心當成省思自己的絕佳機會，明白自己想成為什麼樣的人。

無論如何，我們都不該受到嫉妒心的驅使，阻礙別人發展或怨天尤人。妳想**將嫉妒心轉變爲無謂的能量空轉，還是對自己有利的正面能量？只有妳自己可以決定這個結果。**

＊ 不滿 ＊

我相信每個人的一生之中都有「不滿」，大家或多或少都有缺憾，希望某件事可以做得更好。儘管如此，每個人也都有優於別人的長處。**滿口抱怨、感嘆這個世界上沒有比自己更不幸的人，往往都是看不見自己長處的人，因爲如此一來，她們才能放大自己的缺憾。**

我建議這樣的人一定要從客觀的角度來檢視自己。不妨寫下自己的優點、過去的開心經歷、值得誇耀的成就、曾經關照過自己的人以及對自己好的人。

或者利用◎、○、△和╳等符號，爲自己的戀愛運、家庭運、財運、工作運與健康運打分數。只要出現◎或○，就要心存感謝。

接下來，就要思考怎麼做才能消除自己的不滿情緒。

凡事抱怨、不滿，絕對無法扭轉人生，說穿了，不滿不過是吝於努力的自己最常用的藉口罷了。

有空埋怨、覺得自己受到不公平待遇，不如把時間用來改變自己？從小地方開始改變，改掉熬夜習慣，每天早睡早起，或者改變每天上學上班的路徑。那種前所未有的體驗以及新發現，絕對能讓妳湧現積極正面的想法。總而言之，先從擺脫不滿情緒的日子開始做起吧！

✳ 猶豫 ✳

人生是一連串的選擇，「猶豫」是必然的結果。今天要搭公車還是捷運？——

這也是猶豫的表現，因此我們每天都會猶豫。換句話說，猶豫並不是一件壞事。**關鍵在於，如果妳長時間處於猶豫不決的狀態，那就是一個很大的問題了。**到底要搭公車還是捷運前往目的地？懸而未決的結果，就是一定會遲到。

人生也是同樣的道理。男友向妳求婚，妳卻一直在考慮要不要嫁，久而久之，就會錯失結婚的時機。失去機會的例子我相信大家都曾經遇過。

凡事習慣考慮很久的人，通常都會以「我是很慎重的」來美化自己，**各位一定要注意，千萬不能將慎重與怯懦混爲一談**。慎重的人在經過考慮後，一定會做出結論來；怯懦的人由於害怕失敗，因此會直接放棄思考。最明顯的差異就是，前者會對結果負責，不後悔自己做的決定；後者卻經常將「要是當時那麼做就好了」這句話掛在嘴邊。

不管要搭公車或捷運，唯有行動才能往前走。若是擔心搭公車之後，會在途中遇到塞車，也可以在遇到塞車時，立刻改搭捷運。人生也是一樣，嘗試去做之後，如果過程不順利，只要適時修正即可。總是在想而不行動的人，就連修正的機會都沒有。**從猶豫的迷霧中往前踏出一步的勇氣，將會爲妳帶來幸福的人生。**

✶ 憎恨 ✶

「憎恨」也是一種會阻礙命運流轉的情緒反應。

第1章曾經提過，我有很長一段時間憎恨著從未帶給我和媽媽幸福的爸爸。在得知二十年沒見過面的爸爸癌症末期後，我決定照顧爸爸走完最後一程。而且在爸爸走後，放下了對爸爸的恨意。

原諒父親讓我的人生開始好轉，彷彿就像是從束縛中解脫一樣不停奔馳。**原諒別人等於放下了自己的憤怒等負面情感**，當然有助於打開自己的人生。

愛與恨是一體兩面，人對於自己不愛的人不會產生任何情緒反應。每當聽到有人說：「我恨背叛我的朋友。」我認爲這句話的意思就是：「我被朋友背叛了，我感到好悲傷。」當客戶對我說：「我好恨拋棄我的丈夫。」事實上，她的內心深處還是念念不忘她的丈夫。正因爲如此，無論她如何憎恨自己的丈夫，心情還是無法平靜下來。恨意愈深，只會讓她愈自怨自艾而已。

重拾平靜心靈的方法只有一個，就是告訴自己原諒對方。或許有些人會認爲「怎麼可以原諒對方」，但若將原諒這件事視爲是幫助自己擺脫痛苦的方法，我相信絕對不會那麼困難。

話說回來，人無法制裁另一個人。將制裁這件事交給老天爺，妳要做的就是平穩地走完自己的人生，如此而已。在漫長的人生旅途當中，妳一定會遇到許多不吝於給予溫暖的人，他們會讓妳慢慢學會愛與感謝。

偏執

「偏執」就是放不下個人欲望的表現。

我有很多客戶的人際關係都不順利，通常這種人的說詞都是：「我根本沒做錯事，我對他那麼好，更沒說過他一句壞話。爲了朋友，我可以赴湯蹈火，在所不辭……」

不過，只要我運用靈視力探查真相就會發現，幾乎所有人都是強迫別人接受自己的好意。例如「我介紹人脈給他，他竟然一點都不感激」、「我好心幫她處理工作，她居然認爲那是應該的」、「虧我還幫她說話，沒想到她竟然恩將仇報」……這樣的情形屢見不鮮。

雖然幫助別人是一種美德，但是當好意被套上「施恩於人」的華麗外衣，就變得是完全不一樣的事情。妳不是在幫助別人，而是希望別人認爲自己是個好人，屬於受到私欲驅使而做的行爲。

事實上，這樣的行爲並沒有惡意，只是沒有察覺到自己心中的偏執罷了。不過，其他人卻能夠感受到妳的偏執。

各位一定要認真思考，當妳認爲妳做的事情都是「爲對方好」，出發點真的是因爲愛對方嗎？接下來，請各位問自己一個問題，妳是否真的認爲「對方不感激妳也無所謂？」這個做法不僅適用於「希望別人認爲自己是個好人」的情形，只要經常深入分析自己內心的想法，就能釐清自己是否眞的有所偏執。

現在請告訴我，妳的人際關係不順利，問題是否出在妳的偏執上呢？

✦ 虛榮心 ✦

「虛榮心」的「思考模式」通常都是來自於在意他人眼光的想法。

不可否認的，所有人做任何事都會在意他人眼光；不過，每個人的在意程度各有不同。展現自己的優點時一定要注意時間、地點和場合，才不會給人不舒服的感覺。唯一要小心的是，如果妳的心底就是想炫耀、想要表現自己，那麼很容易得罪別人。**雖然表現自己的別名爲「虛榮心」，但虛榮心與好勝心只有一線之隔，不得不謹愼小心。**

虛榮心強的人動不動就會覺得受到傷害，容易留下心理創傷。久而久之，他們就會想要反抗，**想要告訴別人自己有多優秀**，產生無謂的自尊心。這就是**虛榮心的眞面目**。話說得好，「眞人不露相」，眞正有自信的人絕對不會彰顯自己、誇耀自己。

各位要做的就是腳踏實地，努力學習考取證照，讓工作上軌道，**成爲一位別人無法模仿超越的人，具備眞正的自信**。如此一來，妳就能穩固與高我之間的關聯性，讓虛榮心潛入，謙虛心浮現。人就是利用這樣的方法鍛鍊自己的靈魂。

＊ 孤獨 ＊

「我孤獨到要死掉了」——上門來找我的客戶，絕大多數都有這個問題，而且他們一說完這句話便低頭不語，渾身散發出一股淒涼感。有趣的是，每個人都是一個人出生、一個人死去。就算妳找了一百個人商量某件事，最後還是要由妳自己做決定。從這一點來看，孤獨是人世間最理所當然的狀態。

感嘆自己孤獨的人，幾乎都是很依賴別人的人。如果有戀人還要自己過聖誕節，的確會讓人有孤寂的感覺。但對於認爲一個人生活很正常的人來說，能不能和戀人一起過聖誕節，就不是那麼重要的事了。同樣的道理，若是妳已經下定決心一個人生活，就絕對不會陷入孤獨的迷思裡。

話說回來，煩惱孤獨的人通常都認爲孤獨是一種不幸。不過，眞的是如此嗎？

一般人都把孤獨和自由相提並論，因此不孤獨就代表受到束縛。由此可見，白白浪費孤獨的人，其實只是在故意找碴罷了。不要一味地抱怨自己很孤獨，試想，若是妳完全沒有獨處的時間，那會是什麼樣的生活？

此外，**一個人的好處就是自由，千萬不要忘記這一點**。許多事都是一個人才能做到的，好好把握現在，不要浪費時間感嘆孤獨。

✶ 焦躁 ✶

有句話說「欲速則不達」。明明只要按部就班去做就能成功，偏偏耐不住性子橫衝直撞，最後栽了個大跟斗。這樣的事情在人生中屢見不鮮。

以結婚來比喻，眼看身邊朋友一個個步入禮堂，於是自己就焦躁了起來，然後就隨隨便便交往一個對象，還來不及看清對方的情況下就結婚，這樣的女性相當多。而且她們都異口同聲地說：「結婚之後我先生就露出了眞面目，對我非常冷淡。」事實上，他之前並沒有僞裝，他天生就是一個個性冷淡的人。**這樣的婚姻之所以不幸福，完全是因爲自己識人不清。**

另一方面，也有人因爲認清自己不適合結婚，想要離婚，所以來找我做命理諮詢。不過，這個世界沒那麼簡單，可以任妳爲所欲爲。無論如何，這些都是因爲焦躁情緒導致人生旁生枝節的案例。

說到底，遇事容易焦躁的人，通常都無法善待自己。

每個人的人生都有不同境遇，抓住好運的時機也不一樣。我希望妳能告訴自己，別人是別人、妳是妳，兩者之間沒有任何關係。站穩腳步之後才能走出自己的人生。

失望

人之所以會失望，都是因爲有期待。

當妳認爲沒有人會記得今天是妳生日，卻收到朋友寄來的生日賀卡，相信妳一定會感到很開心。相反的，如果妳一直認爲朋友會幫妳舉辦一個盛大的生日派對，結果卻事與願違，妳一定會覺得無法接受，感到相當的失望。

期待愈大，愈容易覺得自己受到背叛。在正常情形下覺得感謝的事情也會變得理所當然，很容易錯失自己的幸福。這就是不幸者變得不幸的原因。因爲她們無法察覺幸福，有這樣的結果也在預期之內。

遇事容易失望的人，通常只想依靠別人。

在期待別人完成什麼事之前，一定要先想想自己是否做得到？

想要別人對自己好，就要先對別人好。認爲別人應該知道妳要什麼的想法，充其量不過是一種撒嬌罷了。

嚴以律己、寬以待人才是讓自己人生發光發熱的重要關鍵，千萬不要忘記這一點。

第 3 章

拋開僵化的「思考模式」讓人際關係更加圓融

接下來是實踐篇。彙整一般人最常遇到的問題，以Q&A的型態，幫助各位更進一步了解問題的本質。

戀愛篇 1

遇不到好對象

我很想談戀愛，卻一直遇不到好對象，
難道我命中注定沒有正緣嗎？

很多人都會說：「我遇不到好對象！」但事實上，每當我運用靈視力去看對方的內心，就會發現她們的有緣人早已在身邊。

有一次我運用靈視力幫一位女性客戶做諮詢，很清楚地看到一名身穿西裝的男性影像。於是我問她：「在妳的職場以及工作經常接觸的人當中，似乎有人對妳頗有好感，妳想得到是誰嗎？」她回答：「是有對我很好的男性，但他不是我喜歡的類型。」從這個例子不難發現，妳並非遇不到好對象，而是沒發現好對象已經在妳眼前了。

話說回來，為什麼好對象已經在自己眼前卻視而不見呢？**因為每個人都會先設定一些條件，例如「身高一定要高」、「長相一定要符合我的喜好」、「我不談辦公室戀情」**等等，只要**不符合條件者就會自動排除在交往對象之外**。

這種主觀的想法會帶來嚴重的傷害。很多人都在找理想對象、處得來的另一半，但這個世界上沒有完美的人，也沒有一拍即合的個性。**召喚愛情的能力就是發現對方優點的能力，想要與對方攜手相伴、創造親密關係的熱情。**無論如何，愈是追求理想，就會讓自己離好對象愈來愈遠。

許多女性總是會將遙不可及的理想條件掛在嘴邊，如此一來，就算有男性對妳有產生好感也會打退堂鼓，更不可能遇到正緣。

重點不在於條件，而是感覺。真的想談戀愛，就要找一個在一起很安心、開心、輕鬆自在的人，傾聽妳內在真正的聲音，才是最理想的擇偶標準。

還有另一個問題也值得省思。每次客戶來找我命理諮詢，都會將一切推託給「命運」。**其實不只是煩惱戀愛問題的女性，許多感嘆人生不順利的人都是宿命論者。**

她們最常說的話不外乎「我這一生就是注定賺不到錢」、「命運眞是諷刺，好不容易才進入這家公司工作，卻被其他同事排擠」……諸如此類的藉口。

這些話乍聽之下很豁達，但如果眞的可以一笑置之，她們也不可能來找我了。基於這個緣故，各位一定要小心，**若是以負面態度使用「命運」當藉口，一不小心就會落入「將不順利的人生歸咎給命運」的陷阱之中。**

明明是自己能力做得到的事卻擺爛不做、因爲缺乏自信而不敢挑戰、不願意認眞面對無理取鬧的自己……這樣的人最容易將自己的不幸推給「命運」。來找我諮詢戀愛煩惱的客戶中，大部分的人都會問：「我的眞命天子他會出現在哪個地方？」面對這樣的問題我每次都會回答：「命運是掌握在自己手上，由自己召喚而來的。」

有時候運用靈視力看客戶的未來，真的看到了戀愛機會，卻因爲客戶老是待在家裡不出門，或是堅持自己的理想條件，屛除可能的對象，反而錯失了與眞命天子相遇的因緣。因此各位一定要記住，**如果妳現在沒有好對象，請不要浪費時間煩惱了**。

將現在視爲準備期，好好提升自己，積極樂觀地過生活吧！妳的開朗態度一定會吸引好對象來敲門。

戀愛篇 2

總是被劈腿

過去我交往過幾個男友，分手原因都是對方劈腿。
爲什麼我總是愛上劈腿男呢？

不是妳總是愛上會劈腿的男人，而是**妳的行爲讓男友選擇劈腿**。

想找出眞正的原因，就要回想自己的行爲。妳是否會因爲電話不通就懷疑對方行爲一定有鬼？而且不只是心裡懷疑，還會當面質問男友：「妳是不是劈腿？」

不可否認的，剛開始交往時的小小吃醋，確實是戀情的催化劑。但若是過度干涉對方行爲，或想要綁住對方，就會澆熄男人的熱情，與妳漸行漸遠。

此時男友身邊如果出現一位相處得很愉快的女性，他很容易就會心動。男人劈腿並不一定是男人的錯，這與潛意識的問題息息相關，因爲妳將心裡最大的不安變成事實。換句話說，**妳心中抱持的負面幻想導致了悲慘的結果，這就是妳總是被劈腿的原因**。

關鍵在於妳爲什麼會有「我男友可能劈腿」的負面幻想？在第一次被劈腿之前，妳一定「曾被某人背叛過」，無論這個人是誰、因爲什麼事背叛妳，這個經驗在妳心中留下了創傷。

我有個客戶因爲還保有前世記憶，在那一世，她因爲丈夫外遇痛苦不已，所以在這一世變得無法相信男人。

無論原因爲何，若是不改掉一談戀愛就會懷疑對方的壞習慣，只會重蹈覆轍，不可能有好結果。

發生問題時，將責任推給別人是最簡單的解決辦法，但這個做法不會讓妳成長。**妳一定要先檢視自己**，這才是扭轉命運的祕訣。

追根究柢，懷疑別人其實就是對自己沒有信心。妳一定要先接受這個事實，再去尋找自卑的原因。

通常自卑會讓人產生危機感，擔心別人會搶走自己的男友。

有些人可能覺得自己太胖而感到自卑，不妨力行減肥，慢慢瘦下來，努力拋開妳的自卑心。或者也能提升自己，創造別人無法超越的價值，盡一切力量塡補自卑的感覺。

或許現在的妳感到很痛苦，但找出「自己總是被劈腿的眞正原因」，才是改變命運的關鍵機會。

努力擁有自信，相信自己選擇的人。請妳一定要做到這一點。

消除以前的記憶，在潛意識複寫上「男友從未背叛我」的新資訊，就能告別那個只會自怨自艾的自己。

戀愛篇 3

猜不透男友在想什麼

我跟男友已經交往三年，我們也差不多該結婚了，不過他卻一直沒有做任何的表示。
雖然每次跟我在一起，他都表現出很開心的樣子……。
但他眞正的想法究竟是什麼？

這個問題只要運用靈視力就能一眼看穿，不過，**男友不求婚的原因，通常可分爲積極態度與消極態度兩種**。

積極態度就是男友早已認定妳，將來一定會求婚，只是要先在事業上有所成就或努力存錢。如果是這種情形，我會建議「不要著急，相信他，等待那一天的到來」。若是動不動就催婚，成天焦躁不安，對方反而會覺得妳不懂他、不相信他，容易讓對方心灰意冷。

另一方面，消極態度就是男友根本沒有結婚的意願。有些男性談戀愛時相當認眞，卻不想步入婚姻，覺得家庭是一個沉重負擔。

若是這種情形，關鍵就在於女方的想法，妳認爲「不結婚交往就沒有意義」，還是「不結婚我也想跟他在一起」？這兩種想法都沒有對錯，在了解對方的想法之前，**妳一定要先釐清自己想要什麼，才知道下一步該怎麼做，不至於迷失方向。**

最糟的可能性就是，他一直在等待其他適合結婚的女性出現。雖然不中聽，但請容我說句實話，戀愛與婚姻是兩回事。如果在妳男友心中，戀愛對象和結婚對象是不一樣的，這也不是什麼值得大驚小怪的事情。

我要奉勸各位，在責備男友之前，一定要先了解他對婚姻的想法，他想在婚姻中得到什麼。接著，再思考自己是否符合他的理想條件。

假設他想要一個以家庭爲重的妻子，而妳是一位事業心強的女強人，那麼他就不會想要跟妳結婚。如果妳能讓自己變成對方心目中的理想妻子，或許對方眞的會向妳求婚，但這個代價就是，妳願不願意改變自己的生存之道。總而言之，**唯有去做才能知道，妳是否願意爲了結婚而改變自己的人生目標。**

曾經有一位客戶來找我，請我幫她看看「爲什麼男友不願意結婚」，結果發現對方是有婦之夫，而且還有三個小孩。

剛開始那位客戶一直無法接受這個事實，但下一次她又來找我時，跟我說：「上次回去之後，我告訴男友『命理諮詢師說你已經結婚，還有三個小孩』，沒想到從此之後他就再也沒打過電話給我。」雖然她很傷心，我還是安慰她：「妳的守護者在保護妳，所以才會讓妳知道這個事實。」

結婚是人生的一大轉機，正因如此，妳的守護者才會盡全力地傳達訊息給妳。**談戀愛時一定要停下腳步、冷靜思考**，才能聽見守護者的聲音。這一點對每個人都一樣，希望各位能謹記在心。

戀愛篇 4

總是遇不到真心相待的男人

我一直希望能有人眞心愛我，所以我都毫無所求，可是每段戀情都僅止於肉體關係。我到底做錯了什麼？

渴望有人愛的女性，絕對不能以性關係做爲戀情的開始。

妳心裡的想法和表現出來的行動互相矛盾，換句話說，會有這個結果完全是妳自己造成的。

不可否認的，有些眞愛也會從性愛開始。但基本上，男人都是獵人。**他們不會對隨便就追到手的女性感興趣**，即使追到手，也會很快就玩膩了。

容我從另一個角度來解釋，那就是妳放棄了表現自我魅力的機會。

請妳靜下心來，好好想一想這句話。

另一問題在於，「物以類聚，人以群分」，也就是妳的交友圈。

有些男人只想要性，一下床關係就結束了。我的意思並不是這樣的男人有多不好，而是在神靈的世界裡，**人只會吸引和自己頻率相同的人**。從這一點來看，妳的頻率跟那些惡質男差不多。

或許妳眞的是毫無所求，但或許妳只是沒有意識到，在妳心中其實希望**以性愛爲代價，「讓別人愛上妳」、「讓別人疼惜妳」**？

如果眞的是這樣，那就代表對方早已看穿了妳的心機，當然不可能跟妳認眞交往。

想要與高頻率的人交往，就必須提升自己的頻率。親切待人絕對是一件好事。

無論有多麼的寂寞都不要自暴自棄，嚴以律己、好好生活，妳一定能遇到適合自己的緣分。

請多愛自己一點，在渴望別人愛妳之前，請成為一位有能力深愛別人的人。

戀愛篇 5

害怕男友討厭我，怎麼辦？

每次約會不是更改行程，就是臨時被放鴿子，
總是把我要得團團轉。老實說，我眞的好累，
卻害怕他討厭我，所以不敢表達自己的意見。
我該怎麼辦才好？

每個人都不希望自己被喜歡的人討厭，但如果「害怕」被討厭，就是一個很嚴重的問題了。

爲什麼妳要如此迎合對方，連抱怨的話也不敢說？妳是不是曾經有過心理創傷，害怕一個人？如果眞是如此，妳一定要先堅強起來，「讓自己一個人也能活下去。」

或許妳會覺得這個男友條件很好，但這只不過是先入爲主的觀念罷了，是妳一直告訴自己「非他不可」，才會讓妳誤以爲是自己高攀了他。

另一方面，有些女性認爲**忍耐才是愛的證明**，事實上，**忍耐是有限度的**。

若是一直不向對方說出自己內心眞正的想法，對方就會認爲「無論我做什麼妳都會接受」，於是任性的行爲就會愈演愈烈。**這一切都是不說出眞心話的妳所寵出來的結果**。

如果妳希望對方改掉缺點，請務必明確告知。如此一來，他才有可能改變態度。

如果告知對方，對方還是不願意改變，那就不要再跟對方見面了。妳，就是要這麼強硬才可以。

在諮詢的過程中，客戶曾經說出「老實說，我眞的好累」這樣的話。許多女性只會迎合另一半，結果反而讓自己遍體鱗傷。不要再浪費力氣了，立刻與對方分手，尋找下一段戀情吧！

每談過一段痛苦的戀情，妳的靈魂就會愈堅強。

勇敢踏出去，告別痛苦，將這次的分手視為遇見下一段戀情的開始，轉化成為正面的能量。

害怕分手，妳將永遠都無法開始自己的人生。

戀愛篇 6

不敢向心儀對象表白

我在打工的地方喜歡上一個男孩子，可是我沒有自信，不敢向對方表白。可以請妳給我一些建議嗎？

我有許多客戶不敢向喜歡的人表白，所以來問我的意見。每次看她們的靈，就會發現她們的問題在於**過度保護自己**。她們很擔心如果向公司同事表白，結果被甩，就會覺得沒臉上班，只好辭職。此外，一想到要是對方向其他同事碎嘴：「那個女的說喜歡我，可是……」像這樣到處說八卦，便不敢踏出第一步。總而言之，她們不想受傷，因此卻步。

我十分理解沒有人希望自己好不容易鼓起勇氣表白，最後卻被別人羞辱的感覺。不過，如果妳眞的喜歡他，就該去思考怎麼做才能保有自己的尊嚴，眞心不至於被踐踏？

不妨從做朋友開始，或是成爲他的臉書好友，邀約一堆朋友出去聚餐也是不錯的方法。眞正的愛情獵人是不會按兵不動的。

從某種程度上來說，成天煩惱卻不行動的妳，其實只是喜歡上戀愛的感覺，並沉醉在喜歡戀愛感覺的氛圍裡罷了。

害怕失戀的人都有一個先入爲主的觀念，那就是「失戀很可恥」。**失戀絕對不是一件可恥的事情，失戀也是一種戀愛。喜歡上一個人是一件很棒的事情，妳一定要以自己爲傲，大大方方地站出來。**

向別人表白是一種自我犧牲的行爲，這種「捨我其誰」的態度能打動對方的心，並展開一段戀情。話說回來，連嘗試都不嘗試就放棄了可能談戀愛的機會，這樣不是太可惜了嗎？

鼓起勇氣挑戰難關，不只是談戀愛需要如此，這樣的態度也是活出精彩人生的重要關鍵。千萬不要忘記這一點，抱持著粉身碎骨在所不惜的精神，去開拓自己的命運吧！

戀愛篇

7

心儀的對象覺得我不夠漂亮

我好不容易鼓起勇氣表白，對方卻說他不喜歡我的長相。我好想去整形，卻覺得這麼做對不起父母，所以一直在猶豫。

我先說結論，我個人並不反對整形。如果去除自卑感可以讓妳更加開朗，人生更加精彩，我覺得這也是一個可行的方法。

不過，妳一定要謹記一個觀念，**所有的決定都要自己負責**。

以前我有一位客戶，她的朋友和兄弟姊妹都說她長得一點都不可愛，所以她一直認為自己長得很醜，整天不敢出門。

後來她哭著跟我說：「都是因爲這張臉，所以沒有公司錄取我，也沒有男人愛我！」於是我告訴她：「妳要去整形我也不反對，不過，妳首先要做的是，改掉將所有責任推給別人的『思考模式』。」

被喜歡的人說這麼無情的話，我可以理解妳的心一定很痛。不過，**每個人的喜好都不一樣**。只因爲一個人的意見就做這麼重大的決定，這樣眞的好嗎？──我希望妳能冷靜下來好好想想。

不僅如此，妳還要想清楚一件事，要是妳眞的去整形，對方眞的會喜歡妳嗎？

我認爲**關鍵不在於長相，而在緣分**。我必須很遺憾地說，妳跟他沒有緣分。

不過，我認爲妳們之間沒有緣分反而是一件好事，對於向自己表白的女性說：「我不喜歡妳的長相！」的男人，欠缺一顆體貼的心。

妳應該要找的是喜歡妳的長相，或是深受妳個性吸引的男性。

爲了能與這樣的男性相遇，妳一定要持續往前走。

順帶一提，那位考慮整形的客戶，後來接受了我的建議出社會工作，賺取整形手術的費用。

不久之後，她開心地告訴我：「在工作過程中我變得有自信了，現在我完全不想去整形。」

妳是一個聰明人，個性很冷靜，懂得去做整形會愧對父母的道理。妳一定會遇到適合自己的男性。

盡量多跟異性交往，累積更多的經驗，豐富自己的生活。

等妳真正做到這一點之後，再考慮整形也不遲。

戀愛篇 8

害怕親密行為

我還是個處女。我有過戀愛的經驗，但是很排斥做愛，拒絕了男友的求歡。每任男友都因爲這樣跟我分手。我該怎麼做才能克服性愛恐懼症？

害怕親密行爲的原因有幾個。

來找我命理諮詢並請我運用靈視力透視的人中，不乏前世遭男人玩弄，或自己去玩弄別人的人。我也遇過前世是很虔誠的基督教徒，由於一輩子過著禁慾生活，這樣的人在這一世也會因爲對性抱持著罪惡感而害怕做愛。不過，這樣的例子相當少見。

此外，還有很多是在這一世曾經遭受過心理創傷。**最常見的就是對父親的厭惡感**。例如因父親家暴或發酒瘋讓母親受苦，從小在這樣的家庭環境中長大，就會在潛意識裡刻印下害怕男性的記憶。

唯有放下這些心理創傷，才能克服性愛恐懼症。放下心理創傷需要勇氣，不過在此之前，**妳一定要清楚了解，性是加深兩人間愛與信賴的催化劑，這是十分美好的行爲**。

只要能理解這一點就會發現，談論性愛並不是一件可恥的事情。我認爲妳應該告訴妳的男友，妳害怕性愛。

一般人都會想跟自己愛的人發生肌膚之親。當男友求歡，妳又不願意告訴對方眞正原因就拒絕，此時妳的男友會怎麼想？

站在對方的立場去想就知道，對方一定會認爲妳不愛他。

若能下定決心告訴他眞正的原因，我相信他一定會更愛妳，想與妳一起想辦法，慢慢克服這個問題。

終究，妳的選項只有兩個，**妳要選擇自己愛的人，還是任由恐懼心理主宰妳的愛情？**告訴自己「害怕恐懼」都是自己幻想出來的情緒，仔細聆聽內心的聲音。

勇氣才是愛的表現。

戀愛篇 9

無法從失戀的痛苦中走出來

兩年前，我很愛的男友突然跟我提出分手。
後來我發現原來是他喜歡上別人，
從此之後，我的世界就停止轉動了。
我該怎麼做才能斬斷對他的依戀？

每次看到無法從失戀的痛苦中走出來的人，我一定會告訴她們一句話。那就是**「不要試著去忘記自己曾經喜歡過的人。」**

人愈是想要忘記另一個人，**對那個人的偏執就愈重**。說眞的，妳有可能從記憶中抹去與心愛的人相處的種種嗎？曾經發生過的點點滴滴都是豐富心靈的重要寶藏，而且是妳一輩子的資產，深深刻劃在內心深處。

當妳知道他喜歡上別人的那一刻，妳的偏執心會隨著「他明明就是我的男友！」的不甘情緒愈來愈膨脹，事實上，他從來就不是誰的所有物。

每個人都有自由生存的權利。**若是眞的愛他，就應該祝福他選擇的幸福。如果妳做不到這一點，就代表妳的眼中只有妳自己。**

有時候懊悔不甘的想法，例如「當時不應該說那些話的」、「那時候要是那麼做就好了」，也會讓人產生偏執的反應。不管妳多麼後悔，過去的時間再也不會回來了。正因爲如此人才會讓人覺得痛苦，但妳可以將現在感受到的挫折變成養分，滋養更美好的未來。

總而言之，妳一定**要擁有「不要白白浪費失戀經驗」的氣魄**。絕對不要重蹈覆轍，再去談一場戀愛，看看結果將會如何。將這樣的好奇心轉化成能量，讓自己勇往直前。

了解這一點之後，去愛就對了！

戀愛篇 10

總是吸引有婦之夫

我並不想當第三者，
但不知道爲什麼，
每次與我交往的對象都是有婦之夫。
與有婦之夫交往眞的不可以嗎？

不斷跟有婦之夫外遇的單身女性，基本上並不想結婚。俗話說得好，「好了傷疤忘了痛」。如果眞心想要懺悔，是不可能再犯同樣的錯誤。換句話說，不斷與有婦之夫交往的女性，並不認爲「與有婦之夫交往很痛苦」，因此得不到教訓。我認爲這樣的女性通常都是爲了某個原因，例如想要繼續工作，而在不知不覺中選擇了「有婦之夫」的對象。

表面看起來，妳好像對於「每次都是第三者」現況感到痛苦，但事實上妳根本不覺得那樣有什麼不好。

既然如此，妳在意的重點究竟是什麼？

我認爲妳在意的是世俗的眼光。或者應該說是「做了違反道德的事情，會不會受到懲罰」的不安情緒。從諮詢內容「與有婦之夫交往眞的不可以嗎？」這句話來看，就能看出妳內心眞正的想法。

若是要直接回答妳的問題，答案就是「不可以」。不過，我並不認爲所有的外遇行爲都是不好的，如果是眞愛，也能一起共創全新的未來。話說回來，不管外遇的原因爲何，都一定要對對方的妻子及小孩負責。

「種什麼因，得什麼果」，這個世界上還是有因果報應的存在，若是不付贍養費也不付孩子的養育費，兩個人就這麼丟下爛攤子獨自逍遙，這段感情未來也一定會無法圓滿。

同樣的道裡，如果妳是一個本位主義者，認爲只要自己好就好，只要現在開心就好，將來妳很可能會孤老一生，不得善終。妳的守護者非常擔心妳，所以透過這個機會讓妳重新省思，妳是否願意傾聽守護者的話，將會完全改變妳的未來。

將現在視爲是人生的轉捩點，不斷自問自答。**要改變生存之道，還是堅持走第三者的路？只有妳自己能回答這個問題。**

戀愛篇 11

同時愛上了兩個男人

我有一位交往中的男友，
但最近又出現另一個心儀的對象，而且他希望跟我交往。
這兩個人我都同樣喜歡，沒辦法放棄其中一個。
我可以同時與他們交往嗎？

我的答案很簡單，「同時追兩隻兔子，將會一無所獲」。這是必然的結果。

妳可能還沒有察覺到，**妳喜歡的並不是那兩位男性，而是妳自己**。而且喜歡到無可自拔的程度。那兩名男性不過是豐富妳人生的裝飾品。

我知道妳一定會反駁我，不過，如果妳最愛的不是自己，就不可能想要選擇同時傷害兩個男人的選項。

我認爲背叛喜歡自己的人，是一件極度殘酷又任性的事情。

既然如此，該怎做才好？不妨與現在的男友分手，也拒絕另一位想要與妳交往的男性，試著一個人生活吧！重點就是，好好地面對自己的心。

說得極端一點，如果妳不採取斷食方法減去贅肉，或是排出內心毒素，就不可能恢復健全的心靈。妳要相信**唯有健全的心靈才能擁有幸福的未來**，並好好地實踐下去。

有時候讓自己冷靜一段時間，也有助於釐清哪個男人適合自己。**只要有緣，無論相隔多久時間都會再度重逢，重燃愛火。**說不定這兩位都不是妳的有緣人，反而會有另一個男人出現在妳的生命裡。無論結果如何，妳需要的是一顆幫助自己活得更無畏的心，其他的就交給老天爺吧！

雖然這個做法看起來好像是在繞遠路，但**修正心靈軌道絕對能爲妳帶來幸福。**

戀愛篇
12

與男友的性生活乏善可陳

我好不容易遇到一個理想的對象，

無論長相、學歷、工作與收入，各方面條件都無可挑剔。

唯一的缺點就是，床上功夫很差。

我現在還忍得住，但是再這樣下去，我一定會出軌。

我是否應該跟他斷然分手？

妳現在遇到了一個可以學習如何去愛的大好機會。

雖然妳說「無論長相、學歷、工作與收入，各方面條件都無可挑剔」，但是妳的守護者想要利用這個機會告訴妳，絕對不能從外在條件選擇另一半。從這次經驗中學習到「人生不如意事十常八九」的道理，也是很重要的事情。

一個人做愛技巧的好壞完全是主觀認定，外人很難判斷這是不是一件可以忍耐的事情。

不過，**你們可以敞開心胸，好好討論彼此的性愛契合度，就能獲得一定程度的改善**。

如果你們之間的關係是不能討論性愛話題的，就代表你們的問題出在溝通上。話不投機的兩人，是不可能擁有美好的性愛，因為性愛是最高級的溝通方式。

遇到難以啓齒的溝通內容時，需要更多的工夫美化言詞。冷不防地點出對方的缺點，不僅會傷對方的心，也會讓對方關上心門。

不妨先讚美對方，告訴對方妳喜歡他哪一點、每次跟他在一起就會覺得很幸福，接著再提出妳的希望——「如果這裡能這麼做，感覺會更好」——這樣的說法，對方會比較容易接受。

此外，說話時機相當重要，一定要深思熟慮。兩個人開心吃飯時，可以以詼諧幽默的方式表達意見，更能發揮溝通效果。

美滿的性愛可以加深兩人的牽絆。值得注意的是，**性愛的目的不是身體的結合，而是心靈的結合**。

只要心靈相通，就算只是手牽手也會感到滿足。請務必冷靜思考，自己對於男友的愛究竟是怎麼一回事。

思考過後如果決定選擇分手，那也只能接受。但絕對不能出軌。請記住，**跟自己不愛的男人產生親密行爲，只會汙染妳的靈魂而已**。

追根究柢，妳的課題就是**妳是否珍惜自己**。

對自己隨便的人，無論跟哪個男人做愛都無法獲得滿足。

戀愛篇
13

重視工作勝過愛情

我的工作很忙，沒有時間和男友見面。
我眞的很想跟男友約會，但總是會把工作擺第一。
我很擔心再這樣下去，他一定會離開我。
這段感情還維持得下去嗎？

通常會大聲嚷嚷「我喜歡工作」的女性，都認爲「一個人不可能同時兼顧工作與愛情」。我要告訴各位，就算有人告訴妳：「工作與愛情不可能兼顧。」那也是那個人的感覺，不適用於所有人。

無論如何，認爲工作是人生中第一順位的妳，是否在內心深處對於排名第二的戀愛沒有信心？或是對交往對象感到罪惡感，而產生不安情緒。

這個時候妳應該做的事情就是，**杜絕不安情緒，盡一切努力拉近彼此的心**。

所謂的戀愛對象並不是每天黏在一起就好。

我認爲最理想的狀態就是，平時各自忙碌自己的工作，假日一起度過。精神疲累或工作忙碌時，就算擠出時間見面，也很容易不歡而散。遇到這種情形，最好還是不要勉強約會。

相反的，只要決定見面，就要好好地打扮一番出門約會。

整個約會過程都要面帶笑容，認眞聆聽對方說的話，充分發揮服務精神。

只要兩人在一起的時間豐富充實，對方一定能感受到妳的心意。**約會結束後還能細細品嘗快樂的餘韻，即使無法每天見面，他的心還是會緊緊繫在妳身上**。

此外，對男友傾訴自己的煩惱也是很好的方法，告訴他：「我很想跟妳見面，可是每次都因爲工作太忙而無法約會，妳覺得我們該怎麼辦比較好？」**通常在工作上表現優秀的女性不喜歡向男友撒嬌，但此時妳要刻意示弱**。這個做法能喚醒男性的優越感，放鬆彼此的緊張氣氛，他也會誠心爲妳加油，在背後默默支持妳。

婚姻篇 1

父母反對我們的婚事

我有一個從大學時代交往到現在的男友，我想跟他結婚，沒想到跟父母商量之後，他們竟然因爲他賺得少而強烈反對。還跟我說如果斷絕親子關係也無所謂的話，就去嫁他好了，我該怎麼辦才好？

妳的父母是在試探妳，無論發生什麼事，是否都會跟著男友走？想找出答案，就要從各方面來驗證問題，一個個解開糾纏的繩結。第一步就是他的未來。收入少不是不結婚的理由，年輕人收入少是理所當然的事情。有些人結婚之後反而會更加認眞工作，尋求出人頭地的機會。

總而言之，**妳該注重的不是現在的收入，而是未來的發展**。就算他現在賺很多錢，或者他是個很有錢的小開，都不保證一輩子穩定、衣食無虞。如果妳的男友是一位不管遇到任何困難，都有膽識克服的男子漢，那麼妳就要好好跟父母溝通，讓他們了解。

從這一點可以看出，妳的父母提出來的意見都只看現在，並不全面，或許收入並不是眞正的理由。有些父母是基於自己的私心，希望對方入贅繼承家業。如果妳的父母也是如此，這樣的做法並不是爲了妳好，因此最好能斷然拒絕，開創自己的人生。

話說回來，我也遇過許多客戶的婚事遲遲談不下來，通常這樣的情形都潛藏著守護者的訊息。換句話說，就是守護者會透過父母，表達「最好不要結婚」的意思。

無論如何，**不妨將現在的情形視爲是老天給自己停下來思考的機會，好好地面對現實**。父母反對是否會讓妳想要賭氣？妳希望在婚姻生活中得到什麼？妳爲什麼想結婚？縱使妳的男友是個好情人，但他是個好丈夫嗎？這些都是妳必須思考的事情。

不管妳的結論是什麼，都是妳經過深思熟慮後導出的答案。

確定答案後就不要再猶豫了，接下來就是安穩地過好自己決定的人生。

婚姻篇 2

與老公的價值觀不合

我跟老公是戀愛結婚的，開始過婚姻生活之後，才發現我老公很小氣，我則是花錢不眨眼的個性。我們對於金錢的價值觀有很大的差異。不只如此，我們對於孝順父母的想法也很不一樣。我想要好好孝順父母，我老公卻不以爲然。我是否應該趁著還沒有小孩的時候離婚？

正常來說，結婚之前準夫妻雙方就應該針對各種問題交換意見，了解是否能共同重新建構出兩人婚後的價值觀。

可惜的是，戀愛中的男女都會爲了討好對方，隱藏自己的眞面目，假裝順從對方。

正所謂情人眼裡出西施，在這個階段就算發現彼此價值觀不同，也會認爲以後一定有辦法解決，就這麼步入婚姻當中。

我有許多客戶都是在結婚之後，才發現彼此的價值觀天差地別，而不知該如何是好。

各位千萬不要掉以輕心，以爲價值觀不一致沒什麼大不了。事實上，有超過一半的離婚夫妻，離婚原因就是兩人的價值觀沒有交集。

如果只是對服裝或飲食喜好的不同，只要尊重對方的喜好，說好互不干涉，就能找到折衷的相處之道。

但如果是金錢價值觀、孝順父母觀念等關鍵議題，就很難互相妥協。由於金**錢價值觀和孝順父母等觀念的養成**，**與每個人的成長環境息息相關**，若是不被接受，很容易演變成人格上的自我否定，因此一般人都會堅守立場，不願意退讓。

我認識一位朋友，她的丈夫和婆婆都是十分節儉的人，因爲覺得化妝品很貴，所以嚴格禁止她化妝。

雖然這是很極端的例子，但從中不難理解，要與價值觀大不相同的人一起生活，壓力有多大。通常被強迫的一方爲了宣洩情緒，到最後都會沉迷賭博或酗酒，而誤入歧途。

正因如此，只要遇到金錢價値觀、孝養父母的觀念相差太大的夫妻，我也會視情形勸他們離婚。

不幸就是痛苦停留在心中的狀態。

離婚並非不幸，而是擁有幸福人生的機會。人生最棒的地方在於，隨時都能重新開機，啓動不一樣的未來。

婚姻篇 3

不能原諒老公外遇，但也不想離婚

我發現老公外遇，他向我保證不會再犯，於是又重修舊好。但我心裡還是無法原諒他，只要一有事情發生我就會歇斯底里。可是我還要靠他賺錢養家，所以不想離婚，每天都覺得很不開心。

在神靈的世界裡，婚姻是鍛鍊忍耐的修練場。在漫長的婚姻生活中，每個人都會遇到各種苦難。

例如經濟問題、孩子的教養問題、家族疾病與婆媳問題等，大大小小不勝枚舉。不過，對於夫妻來說，丈夫的外遇問題是妻子最大的考驗之一。

我很想說外遇都是男人的錯，但這並不適用於所有的例子。有些男人就是喜歡拈花惹草，即便家裡已經有一個如花似玉的妻子，他還是要偷吃。有些男人則是因爲妻子過於完美，在她面前抬不起頭來，於是對外尋求會給自己面子的小女人慰藉。不過，最常見的原因，則是**對妻子感到失望**。

我對於諮詢內容中的「我還要靠他賺錢養家，所以不想離婚」這句話感到憂心，我猜想早在發現丈夫有外遇之前，妳就已經過著佔盡便宜的婚姻生活了。

如果眞是這樣，妳丈夫的外遇可以說完全是妳自己種下的惡果。

我可以理解這種不甘心的心情，但妳也要反省自己有沒有做錯的地方。**人都會放過自己，要是自己有錯就會一笑置之，立刻拋開負面想法，裝作事情從未發生過**。

無論如何，既然妳已經決定和丈夫重修舊好，爲什麼卻無法原諒他？明明不原諒丈夫，卻不想離婚？妳的行爲根本就互相矛盾，而且表現得像是一個任性的小孩。雖然妳說「每天都覺得很不開心」，但我認爲妳無法轉換情緒的原因，與妳丈夫無關。

既然已經決定重修舊好，就要放下過去，以全新的心情展開婚姻生活。

一直抓著恨意不放，動不動就歇斯底里，這樣的行爲只會讓原本反省自己的丈夫開始反抗，下一次說不定眞的會導致無可挽回的悲劇。到時候就後悔莫及了。

對自己誠實，而且要珍惜當下、活在當下，才能度過不後悔的人生。累積每一刻的幸福，就能創造豐富的人生。

妳理想中的婚姻生活是什麼樣子的呢？是以安穩的心度過每一天嗎？若是如此，請妳好好想想，怎麼做才能擁有理想中的婚姻生活。

當妳笑臉迎人，別人也會對妳笑；當妳對別人好，別人也會對妳好。

感謝現在擁有的幸福，妳的幸福會增加到兩倍至三倍。

能否走出憂鬱的生活，全看妳怎麼做。千萬不要忘記這一點。

婚姻篇 4

看A片、上成人網站、去酒店……我該放任老公繼續這樣下去嗎？

我一直以爲我的丈夫是一個認眞的男人才嫁給他，最近卻在他的書房發現一大堆A片，也發現他經常上成人網站，還去酒店！我應該默許他繼續做這些事嗎？

光看妳的諮詢內容，我覺得妳丈夫並不誇張，而是妳太不食人間煙火了。

雖然妳的話聽起來好像是他背叛了在妳心目中的「認眞」形象，別忘了，認眞的人也有性慾。

不過，我的意思也不是妳的丈夫可以爲所欲爲。只要他有盡到養家的責任，這些都不是什麼値得大驚小怪的事情。

有些人認為夫妻之間不能有祕密，但也不能打著夫妻的名義，就要求對方對妳坦白一切。

有些人必須保有自己的時間，才有心力照顧家人。再說，若是沒有一條大刺刺的神經，最後受苦的只會是妳而已。

我有一個客戶因為覺得丈夫的行為怪怪的，就請徵信社去調查，結果發現他的丈夫經常去一間服務生都是男扮女裝的酒吧喝酒，讓她大受打擊。

這的確不是一件可以一笑置之的事情，卻也不是犯罪行為，妳更不可能為了這件事去責備自己的丈夫，於是只好一個人悶悶不樂。

當妳發現妳的另一半有自己的祕密時，最好的做法就是裝作不知道。千萬不要打破砂鍋問到底，到頭來反而自掘墳墓。

婚姻篇 5

害怕老公的暴力行為

對於老公的暴力行爲我感到害怕。
之前他已經打過我好幾次，還把我打到骨折，
我每天都要提防他打小孩。
我是不是嫁錯人了？

我想先問妳一個問題，妳爲什麼不逃走？要是害怕被打，妳只要逃離妳老公的身邊就可以了……。

老實說，**許多女性都遭到丈夫家暴或精神虐待，嘴裡總是說著好痛苦、好害怕、再也忍受不了了，卻還是沒有離開。**每次只要我建議對方現在立刻離開那個家，她們一定會告訴我：「可是，我丈夫需要我。」

所謂的家暴其實有很多種情形，無法一概而論，但根據我運用靈視力透視家暴受害者的經驗，幾乎所有人都不以爲意。更有甚者，其中很多都是把自己當成「悲劇女主角」的女性，只要有人安慰她們「妳好可憐」、「妳眞不幸」、「妳怎麼這麼能忍」，她們就會覺得很有成就感。

離不開暴力老公的原因不只如此。

在神靈的世界裡，受到「物以類聚，人以群分」的法則影響，相同頻率的人會聚集在一起，成爲夫妻的兩個人之間不只有頻率法則，還有鏡子法則。夫妻就像是兩面相對的鏡子，無論外表看起來多麼對立，往下挖掘之後，就會發現兩者幾乎一模一樣。

就像妳和妳的老公是家暴受害人與家暴加害人的對立關係，但基本上妳們都擁有相同特質。

那就是「依賴」。妳老公是爲了要宣洩內心壓力而打人，但他不是看到誰都打，而是因爲他覺得妳了解他，因爲依賴妳而打妳。另一方面，即使被打還是離不開老公的妳，其實在精神上或經濟上依賴著妳的老公。

總而言之，妳們兩個屬於共依共存的關係。刻印在彼此潛意識的記憶與想法錯綜複雜地交纏在一起，進而引起悲慘的現實生活。

家暴與精神虐待都是發生在私密的家庭裡，由於沒有人可以當場仲裁，因此遭受家暴的女性會愈來愈不清楚什麼樣的反應才是正常的，什麼樣的動作又超越了紅線。久而久之，便會開始自責，認爲都是自己「不懂得看臉色」。

在這本書的篇幅中，我唯一能做的就是告訴妳，一定要認清自己目前的心理狀態十分危險。如果眞心想要脫離這樣的依賴關係，請務必尋求專家的力量。

至於妳問我，妳是不是嫁錯人了？與其說是嫁錯人，倒不如說在婚前妳沒有確認最重要的事情，這是妳做錯的地方。

專家都認爲家暴是會遺傳的。我要呼籲各位女性，如果妳的男友從小就有被爸爸家暴的經歷，妳一定要特別小心。此外，婚前也要確認妳的男友喝醉後的酒品，避免發酒瘋的情形發生。

妳現在該做的事情就是保護自身安全，還要盡量避免孩子受到傷害。花時間仔細考慮要不要離婚，現在就立刻離開老公的身邊。

每天被老公打是不正常的事情，不離開那個家的妳也異於常人。

婚姻篇 1

沒有自信能與患有憂鬱症的丈夫共度一生

我的小孩今年已經三歲了，從小孩出生的那一天起，我的丈夫就悶悶不樂，後來醫生診斷他罹患了憂鬱症。於是他辭了工作，在家休養。我想要成為他的後盾，但他竟然跟我說「家庭的負擔好沉重」，我沒有自信能與他共度一生。

這是最近諮詢度突然暴增的問題。

每一位前來諮詢的客戶都說：「到底何時才能恢復原有生活？」「我丈夫的病會有轉好的一天嗎？」臉上都帶著不安和焦慮的表情。

由於每個人的狀況都不同，再加上憂鬱症是相當複雜敏感的疾病，因此很難一概而論。唯一可以確定的是，先生的憂鬱症會引起各種問題，加重家人身上背負的煩惱。

丈夫罹患憂鬱症之後，不得不停職或離職，這會讓一個家庭立刻陷入經濟危機。由於家裡瀰漫著陰沉的氣氛，有些人會擔心這樣的環境不適合孩子成長。有些客戶也向我訴苦，她們無法再接受個性迥異的丈夫；還有人嘆氣地說，她很擔心老公會不會自殺，晚上都睡不著。

這是老天給予的一大考驗，重點在於，**任何考驗都有其意義**。我曾經運用靈視力透視煩惱丈夫罹患憂鬱症的客戶，我發現她的守護者就在身邊，要我告訴她：「只要度過這項難關，妳們就能成爲眞正的夫妻。」

換句話說，丈夫的憂鬱症不只是丈夫的問題，也是守護者給予妻子的課題。

無論如何，這的確是難以度過的難關，不過，只要轉念一想，就能接受現實，確實成爲丈夫的後盾。

話說回來，每個人的忍耐度都有極限。明知是憂鬱症讓妳丈夫說出「家庭的負擔好沉重」這種話，但聽在妻子的耳裡，確實會讓人撐不下去。

這個時候妳們不妨先分居一段時間，讓妳的身心好好休息。

最糟糕的狀況就是夫妻一起倒下去。

爲了孩子，妳一定要好好思考該怎麼度過難關，然後再付諸行動。

也有客戶告訴我，她已經盡了一切的努力，如果是這樣的情形，我也會勸她離婚，結束這次的考驗。

不過，要做到這一點，一定要有一顆堅強的心，能完全擺脫得掉「拋棄病夫」的罪惡感，選擇自己唯一能做的事。

自己的人生由自己決定。

這也是從人生考驗中獲得的一大啓發。

婚姻篇 1

我想改善無性生活

自從孩子出生之後已經過了五年，
在這五年期間，我和丈夫完全沒有性生活。
前幾天我鼓起勇氣主動求歡，我丈夫卻說他很累，拒絕了我。
有沒有什麼方法可以改善這個問題？

我曾經聽過一個說法，在「無性生活」這個名詞尚未普及之前，沒有人為了這個問題而煩惱。

換句話說，在媒體大肆披露無性生活的問題之前，大多數夫妻都將這個現象視為正常，一直到有人大喊「我跟丈夫沒有性生活！」才有人陸續響應，跟著說：「我們家也是！原來夫妻之間沒有性生活是不正常的事情！」許多女性就是這樣營造出悲劇女主角的形象。

到現在一直都有客戶因爲無性生活的問題來找我，當我運用靈視力看她們時，通常看到的都與性慾無關，而是內心的飢餓感。只有極少數的女性，是極度渴望肉體的歡愉。

我想要再問妳一次，**妳是眞的想和丈夫做愛嗎？**

性愛是確認彼此愛情最重要的溝通工具。性慾、食慾和睡眠慾並列人類的三大本能，渴望性愛並不是一件可恥的事情。

不過，如果妳渴望的是「老公的溫柔」，那麼強迫不想做愛的丈夫與妳發生性行爲，也無法滿足妳的心。

許多女性都把有沒有性生活當作是愛情的測量標準，因此引來諸多的不滿，事實上，沒有愛也能發生性行爲。可是，沒有愛，就無法以夫妻的身分共同生活下去。像這樣轉念一想，就能讓妳的心感到平靜從容。

假如妳眞的很想做愛，千萬不要將「性愛」掛在嘴邊，這樣只會讓妳的丈夫感到壓力，與妳漸行漸遠。男性的抗壓性比女性低，所以妳一定要告訴妳的丈夫，只要和他在一起妳就會感到很幸福，營造出可以徹底放鬆的環境。

有些客戶希望丈夫將自己「當作女人看待」，要做到這一點，自己也要付出相當的努力才可以。**和以前談戀愛時相比，現在的身材早已走樣；以前還會化妝，現在連擦口紅都覺得麻煩，這樣的妳怎麼可能要求丈夫像以前戀愛的時候那樣愛妳？**

即使我如此建議，還是有人會說：「我也很想去護膚中心保養，但我丈夫賺不了多少錢，我根本不能去。」絕對不要將責任推給別人。

許多丈夫每天看到妻子在家裡大罵孩子，或是穿得邋裡邋遢，躺在沙發上看電視，這樣的模樣只會讓丈夫對妳失去興趣。

平時說話不但要保持女性的風姿，一舉一動還要充滿女人味。只要做到這一點，一定就能改善妳與丈夫的關係。

從無性生活這項課題中，可以學習到人生無法盡如人意的道理。

明明是自己搞不清楚狀況，卻要別人實現妳的願望，當然不可能如願以償。
想要打動人心，就必須做好萬全的準備與作戰計劃，千萬不要忘了這一點。

工作篇 1

就是討厭公司主管

我的主管情緒很不穩定。只要有錯，都是別人的錯；只要是功勞，都是自己的功勞。

每次遇到職位比自己高的人就逢迎拍馬，眞的很糟糕，一看到他就討厭。

都是因爲他，我現在根本無心工作，不知該如何是好。

每個人都會在重要時刻遇見各種不同的靈魂伴侶。

靈魂伴侶就是命中注定的人。許多人會以爲靈魂伴侶就是戀愛對象或結婚對象；事實上，靈魂伴侶是指影響自己人生的人，可能是你的家人，也可能是朋友。

重要的是，**與靈魂伴侶的相遇，不一定都會讓妳感到愉快**。

無論是說自己壞話或扯後腿的人，都能讓妳察覺自己的錯誤，修正自己的缺點。**給妳機會改變自己的人，就是妳的靈魂伴侶。**

一看就討厭的公司主管也是妳的靈魂伴侶。妳會遇到自己討厭的主管並非偶然，妳該想的是，「爲什麼我會遇到他？」

從這一點檢視去自己的人際關係，就會發現妳們之間並非全是不愉快的互動。人與人相遇都是有意義的，從中獲得的啓發才能邁向幸福的未來。

當一個人在別人眼中看到自己的缺點時，通常都會感到不安。例如當妳覺得「某個人愛出風頭，看了就煩」時，妳心中一定會想：「我眞的很想離他遠一點，爲什麼趕都趕不走？」

或許妳沒發現到一件事，妳認爲情緒不穩定、把錯都推給別人的主管，與把自己無心工作的原因歸咎給討厭主管的妳，其實都是同一種人。

再這樣下去，妳很可能也會成爲別人眼中「情緒不穩定、把錯都推給別人」的人。

這是妳改變自己的機會，不要再將自己無心工作的狀態歸咎於主管。

既然公司付妳薪水，妳該做的就是好好工作，這是天經地義的事情。

換個角度來看，**討厭的主管就是爲了讓妳警覺「該嚴以律己」而出現的靈魂伴侶**。

妳不應該討厭主管，而是要感謝他。

放下負面情緒，主動與主管聊天溝通，自然就能輕鬆地與對方相處。

工作篇 2

工作能力明顯差我一截的同事升官，我嚥不下這口氣

我比所有同事都早進公司，開會前也做足了功課，全心全力投入工作之中。沒想到最後竟然是平時混水摸魚的同事升官，我眞的嚥不下這一口氣！氣到晚上都睡不著，快得憂鬱症了。

自己的努力沒有獲得認同，確實是一件令人不甘的事情。即便如此，妳還是沒有立場抱怨「快得憂鬱症了」。

雖然無法一概而論，但我認爲全公司只有妳一個人覺得那位同事「平時混水摸魚」。我相信那位同事一定在妳沒看見的地方默默努力，而且妳應該從另一個角度檢視自己，或許周遭同事根本沒有感受到妳認眞工作的樣子。

工作的成效決定一切。就算妳比別人早進公司、認眞準備開會資料，只要做不出成效就無法獲得認同。相反的，即使是慢條斯理地執行工作，只要確實做出成效，就能讓別人刮目相看。

無論如何，妳現在該做的就是接受現實，接受「妳的同事升官了而妳沒有」這個殘酷的事實。

話說回來，爲什麼我們必須面對殘酷的事實？因爲唯有這麼做，妳才能有所領悟。守護者想透過殘酷的事實告訴妳：「這樣下去不行！」

當妳心中開始嫉妒別人，感到有志難伸的那一刻起，妳已經失去任何創造力了。如果那位升官的同事眞的如妳所想，平時混水摸魚，只是因爲運氣好而升遷，過不了多久，他的僞裝一定會被拆穿。不妨將結果交給上天，**妳只要做好自己該做的事情即可**。

妳該做的事情就是保持樂觀、勇往直前。**將自己關在嫉妒的牢籠裡，絕對不可能展翅高飛，將不甘的情緒化爲養分繼續努力，一定能開創美好的未來**。現在的妳正站在人生的十字路口上，妳要選擇哪條路？

守護者不會讓不可能做到的人挑戰難關，妳應該要感謝自己有機會學習，相信自己的可能性，請不要放棄！

工作篇 3

好心幫助朋友，沒想到……

某個男同事拜託我介紹合作對象給他，後來他和我介紹的朋友一起合作的事業大有斬獲，卻連一句謝謝也沒對我說。這麼點小事就感到煩躁，我的肚量是不是太小了？

有恩於別人而希望對方感謝是人之常情，我不認爲妳的肚量小。不過，我覺得很遺憾。

難得有機會種下種子，卻希望對方長出大樹回報，因爲妳並不感謝上天給妳播種的機會，所以才會要求回報，**這樣的態度完全辜負了上天的用心**。

受人之託、**被他人需要，代表上天給了妳一個「養好運」的機會**。當別人低頭拜託，難免會讓人有一種高人一等的感覺，事情做完後，對方理應向妳道謝。**此時不妨換個態度，當別人有求於妳時，不如欣然接受，誠心誠意地完成請託，這個做法可以幫助妳儲蓄好運基金**。既然已經增加了好運，自然就不會期待別人感謝。

受到男同事請託而大方提供人脈資產的妳，其實也累積了一大筆好運基金。

此外，我還要告訴妳，**感謝這個行爲對運氣的影響**，請妳一定要謹記在心。當妳有求於人時，妳會送給對方極大的好運，當對方完成請託而妳向對方道謝時，即可收回一半的好運。換句話說，沒向妳道謝的那位男同事，他沒有收回自己的一半好運，妳可以留下全部的好運基金。

了解好運的運作機制之後，妳是否不會再執著於對方沒有道謝這種小事了？

懂得放下負面情緒，讓心充滿正面情緒。如此一來，好運就會愈來愈多，身邊永遠圍繞著幸運的話題和朋友的笑容。保持品格高雅、大而化之的生存之道，創造光輝燦爛的未來。

工作篇 4

每份工作都做不長久

到目前爲止，我已經換了五個工作。原本以爲跳槽到條件很好的公司，沒想到進去之後才發現根本不是這麼一回事；跟公司同事也處不好，每天都遇到一大堆問題。該怎麼做才能找到一份穩定的工作？

每份工作總是做不久的人通常有兩種情形：一種是責任不在自己身上；另一種則是問題出在自己身上。

以前我認識的一位客戶，每次跳槽，新公司一定會倒閉。運用靈視力看過之後，發現原來是祖先們希望她「結婚生子」的靈障作祟，才會讓她不斷選擇瀕臨倒閉的公司任職。

像這種情形，就不能將不斷換工作的責任歸咎在她身上了。

不過，這樣的例子相當少，絕大多數都是因爲本身出了某些問題，才會不斷換工作。

想找出眞正原因，就必須**思考每一次跳槽是對自己有利還是有害**。

有利的跳槽是指自己在前東家表現良好，創下卓越成績，想要挑戰更高的目標，而被其他公司挖角的情形。

另一方面，有害的跳槽則是在前東家做不出成績，或是無法融入公司環境等，基於這些負面理由而轉換工作的情形。

如果是有利的跳槽，通常當事人都會感謝過去公司的栽培，絕對不會留下不好的印象。從這一點來看，我認爲妳不斷在重複有害的跳槽。

或許妳認爲自己是受害者，都是因爲前公司的條件比想像中差才要跳槽，或是因爲公司同事都是小人不得不另尋他職，但我認爲這些經歷並非災難，而是妳自己造成的惡性循環。

妳是否從來沒想過要取得專業證照，提升自己的能力，而是一味地追求更好的工作待遇？爲什麼妳總是跟公司同事溝通不良？妳有認眞思考過自己的問題嗎？

我認爲妳不斷換工作的原因就是，認爲自己工作不順都是別人的錯，只要換工作所有問題都能迎刃而解。若是妳不改變自己的想法，妳將永遠找不到穩定的工作。

重新檢視自己，找出問題點，或許還要經歷幾份工作的淬煉才能眞正改變自己。

不過，若是妳眞心想要擁有幸福，徹底改變自己，妳的努力一定會有回報。

工作篇 5

每次開會都緊張到說不出話來

我很容易怯場，每次開會都不敢發表意見。因爲這樣，同事和主管都覺得我工作態度不積極，我該怎麼做才能克服緊張？

如同幽閉恐懼症和懼高症，嚴重的怯場通常是前世帶來的心理創傷。有些人則是小時候曾經在別人面前出過糗，這一世造成的心理創傷也是原因之一。無論起因爲何，當事人都會因爲「擔心做不好」而導致極度緊張，最後便出現怯場的情緒反應。話說回來，「擔心做不好」純粹是當事人個人的想像罷了。

有一次我與容易怯場的諮商者面對面交談，運用靈視力看過之後，發現她的頭部聚集著一股能量。她跟我說她經常感到緊張，晚上都睡不好。睡不好通常都起因於頭部神經緊繃，腦袋不斷運轉，無法休息。

我猜想每次開會就感到緊張的妳，或許就是因爲想太多，一直擔心「我如果說出自己的意見可能會被笑」、「那個同事是不是瞧不起我啊」、「我的提議要是被反駁，我會很沒面子」，完全耗盡了自己的精神。

試著將聚集在頭部的能量往腳部擴散，就能舒緩緊張情緒。不妨嘗試腳底按摩，以手掌由上往下滑過雙手與雙腳與深呼吸等方法，即可有效散發能量。

不過，最重要的還是要**相信自己**。以前我曾看過一篇報導，有一位在舞台上發光發熱的女演員，在接受雜誌專訪時表示：「不緊張的方法只有一個，那就是在站上舞台之前，我會不斷練習、不斷練習，並且告訴自己，妳已經練習這麼多次了，一定沒問題。」我很認同這位女演員的做法。

不妨在鏡子前練習開會時發表意見的情景，隨時做好準備。此外，還要告訴自己「妳一定做得到」！這個世界上沒有無法克服的心理創傷。

工作篇 6

無法放棄夢想

為了成為一名女演員，我在二十歲時來到東京，到現在已經五年了。過著一邊打工一邊試鏡的生活。我也曾經闖進最後一關，但從來沒有錄取過。父母都勸我回鄉下結婚，我是否該放棄夢想？

我希望妳可以一直努力到願意放棄為止。

若是妳現在還不想放棄，或覺得放棄很不甘心，這代表妳還沒有完成學習的過程。只要該放棄的時間一到，妳的熱情自然會減少。換句話說，**妳要清楚感受到自己心中的熱情還剩多少。**

舉例來說，有些成功的鋼琴家前世也是鋼琴家，在指導靈的導引下不斷努力，接觸到自己的高我，最後終於完成夢想。

像這樣專心一志地傾注自己的熱情，就能強烈感受到守護者的奧援。不過在此之前，找到能讓自己傾注熱情的事物，也是一種幸福。

有些人找得到讓自己傾注熱情的事物，有些人卻找不到，兩者之間的差異就在於靈魂的年齡，也就是重生的次數。靈魂年齡較小的人好奇心旺盛，敢於挑戰任何事物；相對的，比起靈魂年齡較大的人，必須花更多時間才能找到人生目標。

此外，遇到重大難關時，是否有足夠能力跨越也是一大重點。通常人生出現轉機，都是在遇見靈魂伴侶之後。因此，**重大難關也就是人生的轉捩點**。

無論結果如何，拚盡全力追求夢想的經歷絕對不會白費。**活出不後悔的人生**，正是我們誕生在這個世界上最大的使命。

工作篇 7

老是遲到，拖拖拉拉

我習慣遲到，這一點讓我很困擾。明明早上都準時起床，卻忍不住拖拖拉拉，每次進公司都遲到，跟客戶約也遲到。請妳告訴我，我該怎麼做才能改掉這個壞習慣？

妳的諮詢內容中寫著「卻忍不住拖拖拉拉」，我認為**「忍不住」這三個字就是解決問題的關鍵**。

明明是自己闖出來的禍，卻想用「忍不住」這三個字蒙混過去，妳的行為太不負責任了。「忍不住」這個詞聽起來有點「不小心」、「不經意」的感覺，但站在付薪水給妳的老闆，以及在會面地點空等的客戶立場來看，「我不是故意的」

這種藉口完全無法接受。

請妳認眞思考自己爲什麼會拖拖拉拉。

根據我的個人經驗，**習慣遲到的人通常都以自我爲中心。不只如此，他們也是自我感覺極度良好的人。**

他們認爲自己很優秀，個性受人歡迎，就算遲到別人也會睜一隻眼閉一隻眼，一定不會計較這種小事。

總而言之，妳的遲到已經成爲一種罪行。以習慣來包裝罪行，只是妳用來脫罪的藉口。我之所以會用罪行來形容，是因爲上班遲到、浪費別人時間，是一種靈魂層面的犯罪行爲。

千萬別忘了因果循環的道理。妳的遲到可能會讓妳被公司裁員，浪費時間空等的人還會把妳貼上「不値得信賴」的標籤。

請妳想像若有一天陷入這樣的處境，妳該如何自處？以謙遜的態度檢視自己，就能讓自己變得更好。切記，唯有自己才能做到眞正的「嚴以律己」。

財務篇 1

男友老是跟我借錢

借給男友的錢要不回來。每次要他還錢，
他就會說：「開口閉口都是錢，煩死人了！」然後跟我大吵一架。
朋友說我不該借錢給男友，
可是，幫助自己喜歡的人難道有錯嗎？

想幫助喜歡的人的心意十分難能可貴，不過，**若是眞爲男友著想，一開始妳就應該斷然拒絕，並告訴對方：「我無法借錢給你。」**

妳一定會想，要是我拒絕了他，他就會討厭我。坦白告訴妳，**這種「不想被討厭」的想法，正是妳心中最大的弱點。**

因爲不想被討厭而借錢給對方，意味著「既然我借錢給你了，你一定要喜歡我」的想法。換句話說，妳利用借錢的方式向男友提出交換條件，而且男友也察覺到這一點。事實上，妳的男友一開始就是看準妳痴迷他的心理弱點，才會向妳借錢。

或許當妳把錢借出去之後，男友會眞的如妳所願的心懷感激，並緊緊擁抱妳。然而，那一刻在他心中已經產生了「既然我收了錢之後給妳愛，這筆借款就兩清了」的想法。他也很清楚借錢要還是基本的處事態度，雖然口中一直說「我一定會還妳錢」，心中卻不是這麼想。

不可否認的，的確有人眞心感謝，無論如何都想還錢。遺憾的是，妳的男友屬於忘恩負義、會對恩人咆哮「開口閉口都是錢」的人，他對妳絲毫沒有感謝之心。

埋怨、憎恨或對這樣的人戀戀不捨，只是在浪費妳的寶貴時間，不妨從另一個角度看待這件事。因爲妳沒有看清對方的本性，才會做出錯誤決定，借出去的錢就當作學費，不要想再追回，瀟灑地往前走吧！

話說回來，遇到這類情形時，如何處理才是最好的方式吧？

我認爲**借錢給別人時，要當那筆錢是給對方的**。舉例來說，當有人向妳借三萬元，一定要先問那筆錢的用途。如果對方說要拿去賭博，借錢的理由讓妳無法接受時就要斷然拒絕。有些人以錢交友，這種人的想法就是「沒錢就不用做朋友了」，因此妳一定要相信守護者爲妳指引的路，與對方斷絕朋友關係。

如果對方借錢的用途是妳可以接受的，當對方說要借三萬元時，妳只要借給他一萬元就可以了。

如此一來，妳既沒有拒絕對方，也可以淡化一些「施恩於人」的感覺。

最重要的是，接下來妳要忘記這筆錢，繼續過自己的生活。

不要去想「我借錢給你，你就應該如何如何」，也不要去想「虧我還借錢給你，你竟然……」，然後以恩人的姿態對待對方。一定要當妳從來沒有借錢給他，這一點相當重要。

從結果來看，**通常當作是給對方的錢，對方最後都會歸還**。錢是一種能量，由於妳沒有以自己的想法阻斷金錢的循環，所以就讓這股能量得以繼續循環下去。不要插手，任其自然循環，錢自然就會回到該回去的地方。

這筆錢當然也可能不會回到借的人手中，不過，通常遇到這種情形時，當初借錢的人都會突然多了一筆意外收入，或是遇到貴人相助，一定會有好運降臨。

財務篇
2

沒有錢，沒有財運

從小我的家境貧寒，家裡沒有錢供我上大學，沒有學歷，也因此進不了一流企業工作。現在的公司薪水很少，最多只能支付生活費用。我身上總是沒錢，一直在想要如何賺更多錢。我想我天生就是沒有財運。

妳現在完全是被各種主觀想法所困住。

最大的主觀想法就是「只要有錢就好」。

妳上不了大學的原因，眞的是因爲家裡沒有錢嗎？這個世界上多的是靠自己努力上國立大學的人。如果妳眞的想上大學，就應該去打工賺取學費。有些大學還有獎學金制度，只要成績好就能申請。許多申請獎學金的學生，畢業後都進入了一流企業工作。家境貧寒與無法完成夢想完全是沒有關係的兩件事。

第二個主觀想法就是「一切都是父母的錯」。

這個想法會轉變成「這個世界不公平」的憤怒情緒，讓人失去幹勁，不想再努力。

也會成爲怠惰者的藉口，認爲「反正我家就是窮，努力也沒用」，而陷入惡性循環裡。這些想法還會衍生出另一個危險的主觀想法：「我天生就是沒有財運」。

財運是自己召喚來的，流動的金錢能量不會流向沒有目標的人身上。

許多藝人和運動員感念自己的母親將他從小拉拔長大，想爲母親蓋一棟房子而努力工作，最後終於實現夢想。這些人就是因爲擁有強烈的「我想孝順媽媽」的想法，才會吸引財富近身。

現在的妳有自己的人生目標嗎？

「我要實現夢想，我需要實現夢想的資金！」當一個人開始這麼想的時候，就會辛勤工作，在工作過程中結識各種不同的朋友、培養人脈，財運自然跟著來。

這就是財富法則。

妳現在的生活方式符合財富法則嗎？

我認為正因為妳每天嚷嚷我家很窮、薪水很少，才會讓妳陷入嚴重的金錢煩惱裡。

舉例來說，假設妳心愛的人不動心臟手術就會死，但如果要開刀，就必須準備一百萬。遇到這種情形，相信妳絕對沒有時間去抱怨「我想我天生就是沒有財運」。

請察覺自己的幸福。

並擁有自己的人生目標。

將錢的事擺在一邊，一心一意朝目標勇往邁進吧！

只要往前跑，錢自然會跟隨妳。

財務篇 3

不會爭取酬勞

我是一位自由插畫家。不知道爲什麼，我就是說不出我想要錢，就算對稿酬不滿意，也不會跟對方爭取，所以我老是賠錢在畫。我該怎麼做才能強勢一點？

我認爲妳對金錢抱持著一種罪惡感。

可能是小時候大人一直灌輸妳「對錢太執著沒什麼好結果」、「滿腦子都是錢的人最糟糕」這類觀念。數紅包錢還被父母罵「妳這個小孩就是愛錢」，甚至被朋友說「妳對錢眞的是斤斤計較耶」……這些都可能是妳產生罪惡感的原因。

無論如何，錢並不是壞。那些因爲錢衍生出來的壞事，是用錢的人心裡出了問題。

錢是我們的夥伴。有人說「奢侈是大敵」，但沒有人會說「金錢是大敵」。沒有錢就無法買任何東西，也無法生存下去。妳首先該做的事情就是**放下對金錢的罪惡感**。工作獲取報酬是天經地義的事情，對自己的工作有自信的人，對錢絕對是不馬虎。

從這一點來看，或許妳對自己的工作成效不夠有信心，也有可能是妳想擺出清高的姿態，愈是不想要別人認爲自己是缺錢的人，愈不會爭取自己的權益。

妳必須擁有自己的核心目標，才能大方談論金錢。

舉例來說，假設妳現在站出來爲慈善基金募款，相信妳一定會大方呼籲「請多多捐款」。因爲妳有很堅定的核心目標，才能毫無畏懼地談論錢的事情。

向客戶爭取酬勞也是一樣的道理，妳一定要有自己的核心目標，例如孝順父母、買狗食、成立公司，任何目標都可以。並且告訴自己只要能完成目標，就算被別人認為自己愛錢也無所謂。

爭取合理的酬勞也是正當的行為。唯一要注意的是，若是談判成功，爭取到理想報酬，別忘了要衷心感謝對方。

財務篇 4

不清楚人為什麼要為了錢工作

我沒有物欲，也不講究吃，更沒興趣交朋友。
我沒有特別想做的事，也不想結婚，所以也對保養美容興趣缺缺。
換句話說，我不需要錢。
父母都叫我出去工作，但我不知道工作有什麼意義？

的確，工作是爲了賺錢。但工作眞正的目的，其實是出社會增廣見聞。

我們誕生在這個世界上，是爲了磨練自己的靈魂。因此，我們必須到各個不同的地方去，與各種不同的人接觸。

每天上班趕車眞的很累人，人際關係又很複雜，工作不完全都是令人開心的事情。了解大多數人都是擠車上班，還有形形色色的人生活在這個世界上，對我們來說是很重要的人生經驗。

在這個過程中，我們才能體會到父母懷抱著什麼樣的想法養育我們長大，並感謝父母對我們的付出。

與其他人的摩擦爭執，會讓我們更堅強。不妨將父母要妳出去工作這件事，當成是妳的守護者要傳達給妳的訊息。

雖然妳說妳沒有欲望所以不需要錢，那是因爲妳現在靠父母養。很抱歉必須告訴妳，妳的父母不會永遠陪在妳身邊，請想像一下當家裡只剩下妳一個人的時候，妳該如何生活？瓦斯費、水電費都是一筆支出。

除此之外，工作也會讓妳找到自己想做的事情，或是喜歡的事物。例如看到公司同事打扮得漂漂亮亮的，自己也會想要接觸時尚潮流；參加公司聚餐，享受快樂的感覺也是一大收穫。

千萬不要放棄自己的可能性。走出去就對了！

妳現在最需要的就是前進的勇氣。

財務篇 5

維持人際關係好花錢……

過去半年裡，我有三對朋友結婚，還有朋友生小孩，參加生日派對、同學會，我現在荷包空空，好痛苦喔。維持人際關係花了太多錢，結果只好向父母借錢……。

金錢能量是不斷循環的，不花錢就賺不了錢。

不可否認的，我們都需要一定程度的存款，若是完全不用錢，金錢能量就會腐壞。欲望強烈的人之所以犯下罪行或引發社會問題，就是因爲這個原因。

錢也與緣分有緊密相連的關係。許多兄弟姊妹爲了爭奪父母的財產而決裂，有的人一心只想存錢，情願成爲守財奴，結果卻孤老一生。**雖然錢會讓人撕破臉，**

但也能吸引好人緣。

了解這一點之後，讓我來給妳一些具體的建議。

掌控金錢收支確實不是一件簡單的事情，但若是爲了**維繫人際關係，請務必大方一點**。紅包給得不夠大方，在人情義理上總是說不過去。向父母借的錢，只要多花一點時間賺錢就能還清，一旦打壞與朋友之間的情誼，便很難破鏡重圓。

話說回來，朋友邀請妳參加喜慶宴會是一件幸福的事情。妳應該要感謝對方的邀請並開心參加。若是捨不得花錢，妳也很有可能會因爲不小心遺失或錢包被偷，而損失掉原本應該拿來包紅包的錢。

另一方面，**所有包出去的紅包，在金錢能量不斷的循環之下，最後一定會回到妳手上**。

積極參加聚會就能打開妳的人緣。有些人因爲參加朋友婚宴，而跟坐在身旁的男性交往；也有人因爲一起主持婚宴的會後派對，而與朋友一起合夥做生意。

所有人都開心出席的喜慶場合，一定會有良緣等著妳。

因此，**當有人邀請妳參加歡樂的聚會，那是妳的守護者爲妳創造的必經之路，積極參予絕對會有所收穫**。無論是朋友、戀人、事業運、感動、感謝或興奮感……請務必懷抱著「滿載而歸」的心情開心參與。

朋友篇 1

我沒有任何朋友

從小我就沒有朋友，

一直到三十歲還是這樣。

我很想要交朋友，我該怎麼做才好？

許多來找我做命理諮詢的人也跟妳有同樣的困擾，我每次都會先問她們，爲什麼會想要交朋友？

每個人的答案都不一樣，有人覺得一個人很悲哀，有人希望可以因此交到男朋友，有人想要拓展人脈，也有人想要有可以傾訴牢騷的對象。

從她們的答案中不難發現，幾乎所有人都是因爲希望獲得什麼才想交朋友。

事實上，不只是朋友，所有人際關係都是一種給予與獲得（give & take）的關係。**妳爲對方付出，對方自然也會想成爲妳的後盾**，遺憾的是，很多人都不了解這個基本原則。

我猜想，妳應該也誤會了朋友的定義。如果妳只在意對自己有沒有好處，絕對無法交到朋友。

此外，很多人誤以爲「只要自己交了朋友，所有問題都能迎刃而解」，反而讓朋友備感壓力，不敢再接近。我認爲**無法獨立生活的人很難結交朋友**。想要一個可以依賴的人，與想要交個朋友是截然不同的事情。請先思考妳結交朋友的目的是什麼，如果問題就出在妳對於朋友的定義認知不清，請務必立即做修正。

主動出擊是結交朋友的具體方法。假設妳對攝影有興趣，不妨參加攝影教室，或是參加藝人的粉絲俱樂部、影友會，創造與其他同好者交流的機會。總歸一句話，坐在家裡朋友不會從天上掉下來，不妨主動創造有趣或是對對方有利的話題，打開友誼的大門。

話說回來，交朋友切忌焦躁。絕對不能因爲想跟對方交朋友，就想立刻縮短與對方的距離。**應慢慢建立彼此的關係，這才是正確的交友之道**。站在對方的立場設想，秉持著服務精神，做一些令對方感到開心的事情，對方一定能感受到妳的心意。

朋友篇 2

朋友總是嫉妒我

無論是學生時代或是出社會工作，
我總是在不知不覺當中成爲衆人嫉妒的對象，
大家都背著我說三道四。我原本不想理會，
但眞眞假假的流言眞的讓我很生氣，無法集中心力工作。

誠如我在第2章所說，在我們人所擁有的無數情緒中，「嫉妒」是最難纏的對手。**它會在不知不覺當中控制妳的心靈，當妳察覺的時候，妳已經無法自拔。**

從被嫉妒的立場來看，確實是不可承受之重。對方就是希望妳因爲這樣而無法集中心力工作，再這樣下去，妳會完全失去幹勁。這樣的心理狀態相當危險，妳一定要盡快思考解決之道。妳可以泡澡時在浴缸裡灑鹽，或是泡泡從源泉引流下來的溫泉，都能有效驅除嫉妒的情緒。

此外，**面對嫉妒妳的人也要花一些心思**。**一般人不會嫉妒成就遠遠在自己之上的成功者**。假設職場裡有甲、乙兩位旗鼓相當的競爭對手，甲認爲自己的實力跟乙不相上下，甚至認爲自己比乙還好。當乙比甲更快升官，甲在羨慕之餘便會產生「這傢伙心機也太深了！」的嫉妒情緒。爲了平撫對方的嫉妒情緒，不妨動之以情，跟他說：「我是升官了沒錯，但戀情也吹了，我失去的比得到的還多。」藉此傾訴心中的空虛。換句話說，就是**刻意向對方示弱，讓對方感到暢快**。

除了工作上的嫉妒之外，若有人嫉妒妳的美貌，不妨走搞笑路線，表現出爽朗的一面，大談戀愛失敗的經驗，引起對方的同情。如此一來，就能避免遭到對方的妒火攻擊，請務必試試看。話說回來，根據因果法則，有時候自己遭到別人嫉妒，很可能是因爲自己種的因所結下的果。或許妳在不知不覺當中炫耀了自己的成就，表現出一副得意洋洋的樣子，或是以高傲的態度面對別人。千萬不要忘記回過頭來檢視自己。

朋友篇 3

無法為朋友的幸福感到開心

我的姊妹淘結婚了。
我覺得我應該要祝福她，可是我連男朋友都沒有，感覺就像是被她拋棄了，無法打從心底爲她感到開心。
我眞的好痛苦。請告訴我，我該如何轉換心情？

誠如我在前文所說，**在神靈的世界裡，人只會吸引和自己頻率相同的人，這就是「物以類聚，人以群分」的頻率法則**。妳和妳的姊妹淘也不例外。

假設妳的姊妹淘結交了壞朋友，此時姊妹淘的頻率就會變差，如果妳沒有切斷與姊妹淘的情誼，妳的頻率也會變差。

相反的，如果妳的姊妹淘結交了好朋友，而妳繼續與姊妹淘來往，妳也會發出與姊妹淘相同的優質頻率。話說回來，若是妳決定遠離姊妹淘，妳的頻率將永遠追不上姊妹淘。

總而言之，現在的妳站在人生的十字路口上。

如果妳眞心覺得「感覺像是被她拋棄，一點都不開心」，而無法祝福她，妳和姊妹淘的關係一定會愈來愈疏遠。

不過，若能坦率表達喜悅的心情，「就像自己結婚一樣爲姊妹淘感到開心」，妳也能與姊妹淘一起共享幸福。

當新婚的姊妹淘與她的丈夫邀妳到家中作客，請務必開心前往，或許可以帶給妳良性的刺激，提升妳結婚的意願。

同時也有可能會在聚會上遇到不錯的男方親友，與對方墜入愛河也說不定。

妳要跟姊妹淘一起沐浴在幸福光輝之下，或是任由負面情緒掌控，汙染了妳的靈光？妳的一念之差將決定妳未來的人生。

那麼接下來妳要選擇哪條路走呢？

朋友篇 4

朋友的話傷了我的心

前幾天去參加同學會，所有女同學裡只有我單身。同學們都在抱怨婚姻生活有多不好，但在我聽來，根本就是向我炫耀，不禁感到沮喪。有位同學還對我說：「其實妳也應該結婚。」這句話深深傷害了我。從那天起，我一直無法振作起來。

爲什麼聽到結婚的同學說的話就讓妳感到沮喪，當同學勸妳結婚時，又會讓妳無法振作？

如果我這麼問妳，我想妳一定會回答：「我是唯一沒結婚的女性，她們說的話讓我覺得自己很悲哀。」若是如此，我還想問妳：「妳想結婚嗎？」妳在參加同學會之前，是否一直認爲「自己很想結婚卻結不了婚，這樣的自己很悲哀？」

請仔細回想這個問題。

如果妳對於結婚並沒有強烈的欲望，接下來請妳好好想想，爲什麼妳會對結了婚的同學所說的話如此耿耿於懷呢？

我要說的是，**當一個人對自己的人生感到滿意時，無論他遇到過著何種生活的人，都不會因爲對方說的話而感到受傷**。這樣的人心裡很明白，別人是別人、我是我。正因如此，在討論結不結婚之前，妳應該仔細思考，妳對於現在的自己是否有所不滿。

總而言之，讓妳感到沮喪、受傷的，並不是出席同學會的同學，而是妳自己。正因爲妳對自己沒有信心，妳的負面想法才會擊垮妳。

值得注意的是，覺得「自己的人生黯淡無光」的想法只是一種先入爲主的觀念罷了。一個人無論表面上看起來多麼幸福，一定都會有自己的煩惱。從已婚同學的角度來看，單身的妳無拘無束，令人羨慕。

和別人比較並非全是不好的事情，看看別人，有時也能察覺到自己欠缺的特質，或是自己眞正想要的東西。

相對的，妳也會發現自己擁有的特色，以及比別人幸運的地方。

幸福的人就是只看自己人生的優點，並能心懷感激的人。

朋友篇 5

無法跟虛榮的朋友往來

我們家是一個很普通的上班族家庭，兒子就讀的是知名的私立中學。得知兒子錄取相當開心，但沒過多久在家長會上認識了許多媽媽朋友，發現她們都是愛慕虛榮的人，我眞的不想跟她們有所來往。可是，爲了孩子著想，我是否還是要跟她們維持良好關係呢？

我建議妳好好想一想，**對現在的妳來說，什麼才是最重要的事情**？妳可以堅持自己的生活型態，絕不動搖嗎？或者妳想在兒子背後默默支持他，讓他在好不容易錄取的理想學校裡專心唸書？

釐清這一點，妳自然就知道該怎麼做。

如果妳想堅持自己的生活型態，讓兒子轉學，改唸公立學校也是選項之一。

一般來說，當媽媽無法融入其他媽媽朋友的交友圈裡，最後受苦的都是孩子。妳的兒子也會遭遇相同的問題。

若是妳選擇在兒子背後默默支持他，無須我多說，妳一定要做好心理準備，勇敢跳進媽媽朋友的交友圈裡。

只要能達成自己的目的，說謊是權宜之策。無論選擇哪一條路，只要度過這段時間就好。

把這幾年當成學習忍耐的過程，將批評的情緒埋藏在心底深處，請與其他媽媽朋友維持良好的關係。

此外，除了媽媽朋友之外，還要維繫以前的人際關係，加強與先生之間的溝通，擁有其他能理解自己在想什麼的夥伴，如此一來，妳才能保持平衡的心理狀態。

最重要的是，妳要放下「愛慕虛榮的媽媽朋友很糟糕」的主觀想法。

「高傲」、「愛慕虛榮」純粹是妳個人的看法，或許看在別人眼裡，她們都是舉止高雅、有教養、應對有禮的媽媽。

既然要相處，不妨從對方身上找到值得學習的特質，轉化爲自己的優點，以正面積極的態度與對方往來。

家人篇 1

媽媽控制欲強，怎麼辦？

從小媽媽就主導我的一切。
她總是說：「我都是爲妳好才這麼說。」
但是她連我交什麼男朋友都要干預，眞的很煩。
我該怎麼做才能讓媽媽不要再干涉我呢？

或許是因爲與過去相較，現在有許多女性不結婚，跟父母住在一起，所以女**兒跟媽媽之間爭執不休的情形愈來愈多**。

在我的客戶當中，也有人跟妳一樣，有一個過度干預的媽媽而覺得很煩；另外，也有人很害怕個性歇斯底里的媽媽。前者的煩惱大多是「媽媽畢竟把我養了這麼大，我不想傷她的心，所以無法拒絕」；後者的煩惱則是「每次我拒絕媽媽，讓媽媽生氣，下場都很慘」。

乍看之下，兩者無法向媽媽表達自己意見的理由截然不同，但無法離開媽媽的結果卻是相同的。換句話說，她們與媽媽之間是相互依賴的關係。有鑑於此，**我認爲無論是「不想傷媽媽的心」，或是「一旦惹媽媽生氣，下場會很慘」，這些都是當事人用來遮掩無法獨立生活的事實，所創造出來的正當理由。**大多數從小在媽媽掌控下的女兒，都深受「媽媽很煩」、「媽媽很恐怖」的心理創傷困擾，但同時也在潛意識裡刻印下「媽媽不在我身邊，我會感到不安」的主觀想法。

有些客戶會向我抱怨：「都是媽媽讓我交不到男朋友。」但**自己的人生不順遂，絕對不是媽媽的錯。**

妳必須將這一切算在自己身上，唯有如此，妳才能在潛意識資料庫裡複寫上「我能獨立生活」的資料。

複寫上新資料之後，妳還必須眞正地自立自強，成功實現「我能獨立生活」的目標。自此之後，這項新資料便能確實存檔，永遠刻劃在內心深處。

總而言之，妳現在唯一能做的事情就是獨立。無論媽媽有多麼反對，妳都要搬出家裡，下定決心一個人生活，並努力達成目標。

我並不鼓勵妳與媽媽決裂。不過，**拉開距離才能放鬆心情，絕對有助於建立良好的母女關係。**

家人篇 2

為什麼我無法尊敬自己的父母？

我的媽媽只會說別人壞話，我的爸爸沒有責任感。
從小兩個人就在我面前上演低級的吵架場面，
我實在無法尊敬他們。爲什麼上天要讓我當他們的女兒？

覺得媽媽說別人壞話的樣子很不堪，可以提醒妳不要說別人的壞話。
覺得沒有責任感的爸爸很窩囊，妳就要告訴自己，一定要對所有事情負責。
覺得爸爸媽媽吵架無濟於事，會讓妳想要和心智成熟的人結婚，過著平靜安穩的理想生活。

妳的父母其實在無形之中，教了妳許多人生在世的重要道理，妳應該要感謝他們才是。

我們每個人都是爲了磨練靈魂而誕生在這個世界上。

換句話說，**這個世界上沒有完美無缺的人，而且並非完人才能當父母。**

相反的，所有父母都是在教育孩子的過程中，淬煉自己的靈魂。

只要是人，就算他的身分是父母，也會有缺點、也會失敗。

不過，就像個性溫柔的人一定優柔寡斷一樣，人的優點與缺點只有一線之隔，失敗與成功也是一體兩面。

不妨放下「無法尊敬父母」的主觀想法，找出父母的優點吧！

多虧有妳的父母，妳才能平安長大。

若是妳還沒有察覺到這一點，或許這就是妳這一生要學習的啓示。

我希望妳能抱持著這樣謙虛的態度看待人生。

家人篇 3

一直很倒楣，為什麼？

由於父親工作的關係，我們在半年前搬了家。沒想到一搬進新家沒多久，媽媽就因爲不明原因的腰痛而臥病在床，哥哥也因爲發酒瘋打人而遭到逮捕，爸爸更因爲壓力太大成天酗酒，接二連三地發生各種不幸遭遇。難道是我們的新家有惡靈作祟嗎？

每塊土地都有自己的地縛靈，的確可能引起一連串的厄運。在我過去的諮詢經驗當中，就有人因爲翻修新家，爲了增加室內面積，砍了家裡的大櫻花樹而遭到櫻花樹守護神的懲罰，家中陸續發生許多不幸的事情。

不過，這種例子相當少見。認爲「家裡有惡靈作祟」而來找我的人，幾乎都是自己心理作祟。

也有人來問我「我嫁不出去，是不是因爲有惡靈作祟？」「男友跟我分手，是不是愛慕他的女性生靈在背後搞鬼？」不過，每次運用靈視力看過之後，都發現根本不是這麼一回事。

千萬不要將一切厄運都推到靈的身上。

話說回來，在沒有實際運用靈視力看過之前，我無法斷定妳家是否有惡靈居住。若是妳眞的擔心，不妨請專業人士處理，幫忙驅靈。

不過，我要給妳一個忠告。**靈喜歡住在骯髒的地方，喜歡跟著不乾淨的人。**

所以，請先檢查一下家裡是不是堆滿了尚未開封的紙箱，雜亂擁擠到連走路的空間都沒有？

若是處於這樣的狀態，請先將房子整理乾淨，維持良好的通風環境，或許就能阻止不幸遭遇再度發生，慢慢地提升好運氣。除此之外，還能在家裡放鹽堆、水晶，也能發揮淨化空間的效果。

家人篇 4

寵物過世了，什麼事都不想做

我養了十五年的愛犬在去年過世了，
雖然我已經做好了準備，但那種失落感眞的太強烈了，
每次一想起牠，我就會悲傷得無法振作。
我該怎麼做才能走出悲傷？

我能理解妳悲傷的心情，但一直沉浸在哀傷裡，會讓妳那死去的寵物無法成佛。牠會因爲擔心妳而對這一世還有留戀。

有些人覺得再養一隻寵物，會對不起以前的寵物，事實上根本沒有這回事。

當寵物過世後，若是看到主人因爲思念自己而過度悲傷，牠也會感到心痛。

在這個時候，**牠會送一隻與妳有緣的寵物跟妳作伴，撫慰妳的悲傷**。

無論如何，妳的愛犬一定也希望妳能打起精神，再養一隻小狗也是不錯的方法。

此外，雖然寵物離我們而去會讓我們感到悲傷，但總比我們先走一步，獨留愛犬在世來得好。轉念一想也能讓人得到救贖。

主人一旦不在，寵物就會被送進動物收容所。陪伴寵物走完最後一程，絕對會比讓牠們在收容所裡度過餘生要來得好。

不妨換個角度想，妳的愛犬直到最後一刻都能感受到妳的愛，這不是一件最幸福的事情嗎？

無論如何，不接受現實就無法往前走。這個世界上不單單只有妳的寵物離過了妳，其實，每個人都憑藉著自己的力量從悲傷的深淵中走出來。

不要成天嘆息悲傷，將過去有牠爲伴的美好生活化爲心靈食糧，請堅強地活下去！

家人篇 5

一直被追問懷孕了沒

我已經結婚三年，目前正在接受不孕症治療。
我們沒有告訴婆婆這件事，
每次婆婆一見到我就問：「懷孕了沒？」
這種冷血的態度讓我感到厭惡，甚至已經到了憎恨的程度。
請問有沒有什麼方法可以解決？

雖然妳問我「有沒有什麼方法可以解決？」但我認為**重點在於，妳是否有想過自己可以做什麼？**

首先妳該做的就是告訴婆婆，妳正在接受不孕症治療。

從妳的諮詢內容來看，妳婆婆問「懷孕了沒？」這句話，其實並沒有惡意。

如果她明知妳在接受不孕症治療還故意問妳，那就眞的可以用冷血兩字來形容。

但對於毫不知情的婆婆來說，這只是再正常不過的閒聊而已。

用憎恨的心在過生活，妳的反應也未免太激烈了。

不告訴婆婆這麼重要的事情，卻希望婆婆能體諒妳的心情，這就是以自我為中心的想法。吝於與對方溝通，卻對對方有過度的期待，從這一點我可以看出妳現在的心理狀態極度不穩定。

以我過去的諮詢經驗來說，我發現通常有懷孕問題的女性，心理狀態都很不太穩定。

在神靈的世界裡，有「孩子會選擇自己父母」這樣的說法。通常還沒有準備好養兒育女的人，在生下孩子之後，有很高的比例會棄養或虐待小孩。因此，除非是具有高度冒險精神的靈魂，否則不會有靈魂選擇這樣的人做自己的父母。

有些女性是在得知自己懷孕的那一刻起會產生母愛，但這對即將出生的靈魂而言，是一翻兩瞪眼的賭注。

女性在治療不孕症的過程中，情緒很容易受到荷爾蒙的影響，處於不穩定的狀態。請務必了解自己目前的狀況，**告訴自己不要從負面角度看待事物，這一點相當重要。**

更重要的是，請抱著大而化之、開朗樂觀的心情度過每一天。

終　章

承認過去的創傷，

接受現在的狀態，

夢想未來的自己並勇往直前！

我不斷在本書中告訴各位，一定要了解自己。

當一個人察覺到自己長久以來的「思考模式」，進而放下由此衍生出來的主觀想法，即可改變自己。改變心態，將「負面思考」轉變爲「正面思考」，就能爲過去陰暗沉鬱的內心世界，帶來耀眼明亮的希望之光。這就是幸福的起跑線。

換句話說，正在煩惱中的妳，是完全沒有資格站在擁抱幸福的起跑線前的。不過，**只要能面對自己，好好聆聽內心的聲音，就能了解自己想要追求什麼、需要或不需要什麼。**而且，**妳也會發現自己該怎麼做才能達成目標。**內心的聲音就是高我的聲音，也是守護者給妳的訊息。

我在占卜沙龍聆聽客戶的煩惱，爲她們解惑，我的角色就是幫助她們了解究竟是什麼樣的情緒讓她們感到痛苦，該怎麼做才能放下負面情緒。不過，我能做的只是告訴她們獲得幸福的小祕訣。

舉個例子來說明，假設今天妳來找我，而我運用靈視力看過之後，告訴妳：「妳三年後會得糖尿病。」於是，妳開始自暴自棄，或是覺得「即使如此，我還是想吃什麼就吃什麼」，完全不改善飲食習慣。最後妳就會如我所看到的一樣，眞的得糖尿病。

反過來說，如果妳決定「從今天開始嚴格控管自己的生活型態」，開始過著規律的生活，控制熱量攝取，妳就能躲過罹患糖尿病的不幸命運。

只有自己才能扭轉自己的人生。要不要自我革命？這個決定正是命運的分水嶺。

即使遭遇失敗、撞牆折翼，還是要持續往前走。總是感嘆「自己很不幸」的人，其實就是在遇到挫折時停下腳步罷了。只要妳敞開心房反省自己，一邊修正軌道持續向前，絕對就能遇見幸福。**扭轉人生的方法眞的很簡單，「不要停下人**

生的腳步」，如此而已。

停止與其他人比較，就能發現幸福。

承認所有問題都在自己身上，就能找到解決的方法。

相信幸福一定會降臨，就能湧現勇氣。

我只是透過這本書，幫助各位去察覺守護者想傳達給妳的訊息。

衷心希望本書能成為照亮黑暗的希望之光。

期待本書能讓更多人擺脫煩惱與疑惑，擁有幸福人生！

花凜

人生顧問195

現在覺得不幸，是幸福的起點

「幸せな人」と「不幸せな人」のたった1つの違い

作　者—花凜
譯　者—游韻馨
主　編—林芳如
責任編輯—謝翠鈺
執行企劃—林倩聿
美術設計—陳郁汝
董事長—趙政岷
總經理—趙政岷
總編輯—余宜芳
出版者—時報文化出版企業股份有限公司
10803台北市和平西路三段二四〇號四樓
發行專線—（〇二）二三〇六六八四二
讀者服務專線—〇八〇〇二三一七〇五
（〇二）二三〇四七一〇三
讀者服務傳真—（〇二）二三〇四六八五八
郵撥—一九三四四七二四時報文化出版公司
信箱—臺北郵政七九～九九信箱
時報悅讀網—http://www.readingtimes.com.tw
法律顧問—理律法律事務所　陳長文律師、李念祖律師
印　刷—勁達印刷公司
初版一刷—二〇一四年五月十六日
定　價—新台幣二四〇元

國家圖書館出版品預行編目資料

現在覺得不幸，是幸福的起點 / 花凜作 ; 游韻馨譯.
-- 初版. -- 臺北市 : 時報文化, 2014.05
面;　公分.
譯自 :「幸せな人」と「不幸せな人」のたった１つの違い

ISBN 978-957-13-5957-1(平裝)

1. 修身　2. 生活指導

192.1　　103007715

ISBN 978-957-13-5957-1
Printed in Taiwan